歴史のかげに美食あり

日本饗宴外交史

黒岩比佐子

講談社学術文庫

まえがき

古来、「歴史のかげに女あり」とは、よく言われてきたことである。時の権力者が女性の色香に迷って、一国の行方を左右した例も少なくない。たしかに、「クレオパトラの鼻がもう少し低かったら、歴史は変わっていた」のだろう。だが、世界の歴史を動かしてきたのは、妖艶な美女ばかりではない。

十九世紀の初めに『美味礼賛』を著したブリア・サヴァランは、「美味学の政治に及ぼす影響」について次のように述べている（関根秀雄訳『美味礼賛』）。

「食事は政治の手段となり、人民の運命は宴会において決せられた。これは逆説でもなければ新奇の説でもない。見たままの事実である。ヘロドトスから現代にいたる間のすべての歴史の本をあけてみたまえ。供宴において構想され準備され命令されなかった重大事件というものはいまだかつてなかったこと、謀反すらもその例にもれなかったことがわかるであろう」

この言葉はまさしく真実を言い当てていると思う。食事は政治の手段であり、外交には饗応がつきものだ。ブリア・サヴァランによれば、戦争か平和かでさえその最中に決まるのである。まさに、「歴史のかげにグルメあり」と言えるのではないか。

大切な客人を接待する席には、やはり美酒と珍味佳肴が不可欠だろう。それらは人々の舌を滑らかにするには劇的な効果がある。最高のもてなしをしてくれた相手に、悪意をもつことなどできようか。一緒に酒を飲み、食事をした相手とは、腹を割って話し合えるようになるものだ。

逆に、それほど重視していない客人、あるいは好感を抱けない相手を饗応する場合には、メニューの内容も供される品数も、ランクが下がるのが普通である。もしフランス料理なら、おそらく、ワインにかける費用がかなり違ってくるだろう。メニューを注意深く読めば、そこにホストの意図を読み取ることも可能だといえる。

近代日本を左右した大事件の交渉の、接待の、あるいは密談のテーブルの上には、どんな料理が並んでいたのか。その料理のメニューは何を物語り、テーブルの下では、権力者たちによるどんな腹の探り合いが行われたのか。

幕末から明治末期までの半世紀——西洋化が進み、日本が大きく変わったその時期に起きた事件を、饗応のメニューから読み解くことができれば面白いのではないか。

そう思って調べ始めてみると、思いがけない事実が次々に判明し、当時の日本人の

〝グルメ度〟の高さに驚かされることになった。

最後の将軍となった徳川慶喜は、幕府の威信を賭けて、外国公使たちを豪華なフランス料理で接待している。しかし、徳川幕府は滅亡し、明治時代が幕を開けた。

若くして君主の座に就いた明治天皇は、皇室外交の使命を担って、宮中晩餐会のホストを務めるようになる。とはいえ、それまで日本料理以外の料理を食べたことさえなかった天皇が、外賓たちをフランス料理で饗応するためには、涙ぐましい努力があった。

列強諸国との不平等条約改正をめざす井上馨は、強引ともいえる手法で欧化政策を進め、鹿鳴館をつくった。舞踏会で有名な鹿鳴館が、最高級の酒と料理が並ぶ場所でもあったことはあまり知られていない。

伊藤博文は河豚が好物で、下関で行われた日清講和会議の際も堪能したらしい。哈爾賓《ハルビン》で暗殺された伊藤が日本で最後に食べたのも、下関の河豚料理だった。

日露戦争の隠れたヒーローである児玉源太郎は、親友の乃木希典《まれすけ》が悪戦苦闘する旅順に乗り込み、活路を開く。旅順陥落の祝勝会で、視察に来ていた外国武官たちから児玉はシャンパンを浴びせられたが、おそらくこれこそ日本初の「シャンパンシャワー」だろう。

歴代首相のなかでも食通として知られるのが西園寺公望である。現代の日本人はミネラルウォーターを買って飲んでいるが、かつての日本で海外から「水」を買うような人はいなかった。ところが、西園寺はカトリックの聖地ルルドの洞窟から湧き出る「ルルドの聖水」を、フランスからわざわざ取り寄せて飲んでいたというのである。

囚人の食事は粗食の最たるものだが、一九一一（明治四十四）年の元旦に幸徳秋水が獄中で書いた漢詩によれば、大晦日に蕎麦、元旦には餅が出ている。大逆罪で拘束され、すでに死を覚悟していた幸徳秋水は、餅を食べた十七日後に死刑判決を受け、その六日後に異例のスピードで処刑された。彼は人生最後の餅を、どんな思いで味わったのだろうか。

人間は誰しも食べることで生命をつないでいる。歴史はその人間がつくるものであり、食という視点から歴史を掘り下げれば、また別の歴史が見えてくる。幕末から明治までを中心に、さまざまな事件の〝主役〟たちが何を食べたのかを追ってみよう。

目次

歴史のかげに美食あり

歴史のかげに美食あり

日本饗宴外交史

第一章　本膳料理に不満を抱いた米国海軍提督
――マシュー・C・ペリー

泰平の眠りをさます黒船来航

幕末の日本に未曾有の大騒動を巻き起こした「黒船来航」。この事件の主役は、米国海軍マシュー・カルブレイス・ペリー提督である。二百十数年続いた鎖国の重い扉をこじ開けた人物として、日本人はこれからもペリーという名前を決して忘れないだろう。

そのペリーの艦隊が、最初に浦賀沖に姿を現したのは一八五三年七月八日、日本では嘉永六年六月三日だった。当時のアメリカ側の記録は陽暦、日本側の記録は陰暦で書かれているので、日付が食い違ってややこしいが、ここでは陽暦を用いて陰暦も併記することにする。日本で陽暦が施行されたのは明治五年十二月三日からで、その日が一八七三（明治六）年元旦とされたため、明治五年十二月は存在しないも同然になった。

マシュー・C・ペリー

アメリカは日本に開国を求めて、それまで三度にわたって使節を送ったものの、いずれも成功しなかった。とくに、ペリーの前に日本と交渉したビドル提督は、友好的な態度を示しすぎて、幕府に軍艦を退去させられるという屈辱さえ味わっている。ペリーはその過ちを繰り返さないために、力を誇示する一方、幕府の閣僚クラス以外には会わず、もし幕府が大統領の親書を受け取らない場合には、武力をもってしても江戸城に持参する、という決意を固めていた。

そのため、ペリーは米国政府に、最先端の蒸気艦四隻を含む十二隻の艦隊を率いて日本へ遠征することを要請した。ところが「泰平の眠りをさます上喜撰（蒸気船）たった四杯で夜も寝られず」と狂歌に詠まれたように、実際にペリーが浦賀に率いて来ることができたのは四隻（蒸気艦は二隻）のみだった。

ただし、蒸気船など見たこともない日本人は、黒煙を吐き出して高速で進む船の出現に、文字通り肝をつぶす。異様な〝黒船〟の噂はまたたく間に広がり、人々の恐怖をかき立て、日本を大きく揺るがした。ペリーのほうでは、四隻に減った艦隊の威嚇効果を危惧していたのだが、それは杞憂だったと言えよう。

一八五二年十一月二十四日、ペリーは蒸気艦ミシシッピー号に乗って極東をめざした。三隻はすでに中国にあり、あと八隻は準備ができるのを待って出航し、ペリーが率いる東洋艦隊に加わる予定だった。だが、さまざまなハプニングが起こったため、十二隻で艦隊を組むというペリーの当初の構想とは大きく異なり、最終的には四隻で日本へ向かうことになるのである。

ミシシッピー号はインド洋に入り、セイロン、シンガポールと寄港しながら進み、一八五三年四月六日に香港に到着した。上海でペリーは、艦隊の旗艦を大型蒸気艦サスケハンナ号に替えて同艦に移っている。ペリーはまず琉球（沖縄）へ向かった。

琉球で受けた豪華な饗応

一八五三年五月二十六日、ペリーが率いる艦隊は那覇港に到着した。当時の琉球は日本の薩摩と中国の両方に貢物を送っていて、どちらに属しているのか曖昧なところがあったが、ペリーは日本の属領とみなす立場に立って、琉球政府と接している。琉球政府はペリーの王宮訪問を阻止しようとしたが、ペリーはそれにかまわず、軍楽隊や陸戦隊を配した約二百人の行列をつくって、首里の王宮へ押しかける。この示威行動におそれをなした琉球政府は、やむなく城門を開いてペリーの一行を迎え入れた。

土屋喬雄・玉城肇訳『ペルリ提督日本遠征記（二）』には、ペリーらが琉球政府の執政に受けた饗応について、次のように書かれている。

御馳走のうちのあるものは、何でできてゐたか、今に至るまでアメリカ人は誰もはつきり知らないのである。多分それは豚であつたらう。けれども西洋人もよく知つてゐる御馳走としては、紅色に色づけをして薄く刻んだ煮卵《ゆで》、魚の蒲鉾、油で揚げた魚、冷い焼魚、豚の肝臓を細く刻んだもの、砂糖菓子、胡瓜、芥子、塩漬大根の切れ、薄い豚肉の片れを揚げたもの等があつた。（中略）食事は全部で十二通りあつて、最初の八通りはスープであつた。他の四通りは生姜菓子、豆もやしと若い玉葱の根とでつくつたサラダ、やゝ暗紅色の果物らしく見えたが、実は柔い砂糖の塊で、その上に薄い粉捏りの皮をかぶせてつくつた玉なのを知つた——それを一籠、それからいためた卵と香ばしい味のする白い細長い根とをまぜた巧みなまぜ物等であつた。

沖縄到着後のサスケハンナ号での饗宴

この御馳走の献立が珍らしかつたので、遠征隊の紳士達は本当に慇懃な態度で努めて鄭重にこの食事を頂戴した。そして十二番目の御馳走が済んだ時、これからまだ十二通りの御馳走が出ると言はれたのであつたが、恭々しく立ち去つた。

琉球で受けた接待や料理に、ペリーは大変満足したらしい。それは、沖縄料理が中国料理に似ていて、豚肉や油が使われていたためだろう。この沖縄料理の印象が強かったため、ペリーはその後で口にした日本料理に失望したともいえる。

七月二日、ペリーは四隻の艦隊を率

いて那覇を出発して日本をめざした。後から来るはずの艦隊は、ついに一隻も到着しなかった。ペリーを派遣した大統領はホイッグ党（のちに共和党）のフィルモアだったが、出航後の大統領選挙では民主党のピアスが当選し、「帝国主義反対、不侵略」の外交方針を取るピアスは、日本との開国交渉に消極的だったのである。このように、ペリーの遠征は最初から順風満帆とは言えなかった。

鎖国の扉を開いた日米和親条約

歴史をいろいろな角度から眺めてみると、意外な事実に気づく。たとえば、明治天皇の誕生日は嘉永五年九月二十二日（陽暦では一八五二年十一月三日）なので、ペリーがアメリカから日本遠征の航海に出たのと、まさに同じ月に出生していたことになる。宮廷が待望していたこの男児は「祐宮《さちのみや》」と命名され、ペリーが浦賀に現れる一ヵ月前（嘉永六年五月五日）には、「初度の端午の節」の祝賀が行われている。

その後、慶応二年に父の孝明天皇が亡くなったため、十四歳（数えでは十六歳。以下も満年齢で表記）で践祚《せんそ》した天皇睦仁《むつひと》は、一八六八年に「明治」と改元して以来、四十五年にわたる激動期を生きることになった。もし、ペリーの来航が何年か遅れていたとしたら、明治天皇の運命も大きく変わっていたことだろう。

ペリーの日本遠征については、帰国後に多くの文献が刊行され、黒船来航への日本の対応についても、『大日本古文書 幕末外国関係文書』などで知ることができる。幕府は通例通り、ペリーの艦隊を長崎へ移動させようとしたが、ペリーの艦隊は浦賀沖に停泊したまま、まったく動こうとしない。しかも、ペリーは日本からの使者には部下を応対させ、自分は顔も見せずにいる。その上、二隻の蒸気艦が、威嚇するように海上から黒い煙を上げている。

前述したように、黒船の来航は、浦賀をはじめ江戸の人々の間に大騒動を引き起こした。幕府は急遽、品川沖に砲台の建設を計画する。しかし、これまでとは違って手強い相手だと感じた幕府は、ついにペリーの一行に久里浜への上陸を許可し、大統領からの国書を受け取った。一八五三年七月十四日（嘉永六年六月九日）のことである。ペリーは日本の回答を受け取るため、来春の再来を約束すると、那覇を経由して香港に戻った。

だが、状況は切迫していた。ペリーのすぐあとに、プチャーチン率いる四隻のロシア艦隊が長崎へ来航したのである。プチャーチンは和親条約の交渉をしたが、不成立に終わった。それを知ったペリーは、日本再訪の時期を繰り上げる決意をする。フィルモアに代わって大統領に就任したピアスから、対日戦略変更の訓令が届くのを待たずに、出航することにしたのだった。ピアスが何と言おうと、ペリーは自分がやりかけた任務をやりとげるつもりだったのである。

こうして予定より早く、一八五四年二月十三日（嘉永七年一月十六日）にペリーの一行は日本に再来し、いきなり江戸湾に進入して投錨する。今度は九隻の艦隊で、そのうち三隻が蒸気艦である。ペリーは旗艦をポーハタン号に移して指揮をとった。幕府は前回と同じように久里浜を交渉地に指定したが、ペリーは断固として江戸での交渉を主張し、その結果、双方が妥協する形で会見場所に選ばれたのが神奈川の横浜村である。当時、半農半漁の寒村にすぎなかった横浜は、これをきっかけに国際都市へと発展をとげていく。

現在、横浜市の山下公園の近くに横浜開港資料館があるが、ペリーと幕府の代表が交渉した応接所は、その中庭の玉楠の木があるあたりだったらしい。横浜開港資料館を訪ねてみると、玉楠の木は青空に向かって大きく枝を広げ、緑の葉を茂らせていた。

こうして、横浜を舞台に日米会談が開始される。ペリーに対応する幕府の首席委員は林大学頭《だいがくのかみ》（復斎、江戸後期の儒者）だった。幕府はアメリカが要望している船舶への石炭・薪・水・食糧の供給や、遭難者の救助に応じ、さらに避難港として下田と箱館を開港することも認めた。このとき成立したのが日米和親条約である。

ペリーはさらに通商についても求めたが、「人命にかかわる問題と利益にかかわる問題とは主旨が違う」という林の主張を受け入れて撤回している。混同されることが多いが、「不平等条約」としてのちに問題になるのは、この四年後に駐日総領事タウンゼント・ハリスとの間で結ばれる日米修好通商条約のほうだ。

ともあれ、十九世紀半ばに日本はついに鎖国政策を破棄し、アメリカに続いてイギリス、ロシア、オランダなどとも同様の和親条約を結んでいく。大政奉還が行われ、徳川幕府が政権の座から去る十三年前の出来事だった。

調印前に供された伝統的な本膳料理

ペリー来航と日米和親条約の意義については、多くの文献で解説されているので、ここで触れるまでもないだろう。むしろ私が興味を惹かれるのは、このときアメリカ人と日本人が互いに味わった「食」に関するカルチャーショックについてである。

言語や文化が異なる客人をもてなす饗応は、古くから世界中で行われている。実は、鎖国時代の日本にも、将軍の代替わりの祝賀などの名目で、朝鮮から通信使が十数回来日しており、幕府が彼らを饗応した献立の記録も残っている。それは、本膳・

二汁五菜の二の膳・二汁三菜の三の膳・貝類を並べた四ツ目・菓子中心の五ツ目といった伝統的な形式の本膳料理であり、もちろん純粋な日本料理だった。外交上、国家の威厳を保つためには、外国からの客人も自国の料理でもてなす必要があったからだ。

江戸時代に武家の威儀を正した宴の料理として定着した本膳料理は、中央に据えられる本膳に続いて、二の膳、三の膳というように数多くの料理が並べられる。朝鮮通信使には、三汁九菜という最高級の本膳料理も供されていたが、享保期に入ると将軍徳川吉宗の節約方針により、簡略化された接待になった。一方、長崎の出島で交易のみを行っていた中国人とオランダ人に対しては、現地の役人や商人が宴を催す程度で、幕府による正式な饗応というものは行われていなかったらしい。文献などには、唐人（中国人）の宴会の料理として卓袱《しっぽく》料理が描かれており、日本人の遊女たちが同席していることもわかる。

では、新興国家アメリカからやってきた〝招かれざる客〟ペリーに対して、幕府はどのような饗応を行ったのだろうか。実はその料理の献立も残っている。両国が和親条約締結で合意に達したのを受けて、調印に先立つ三月八日（陰暦二月十日）に、幕府は横浜でペリー一行に食事を出している。史料によって記述は若干異なっているが、東京大学史料編纂所が編纂した『大日本古文書 幕末外国関係文書之五』を参考に、献立を紹介してみよう（ただし、添書と説明文は一部略）。

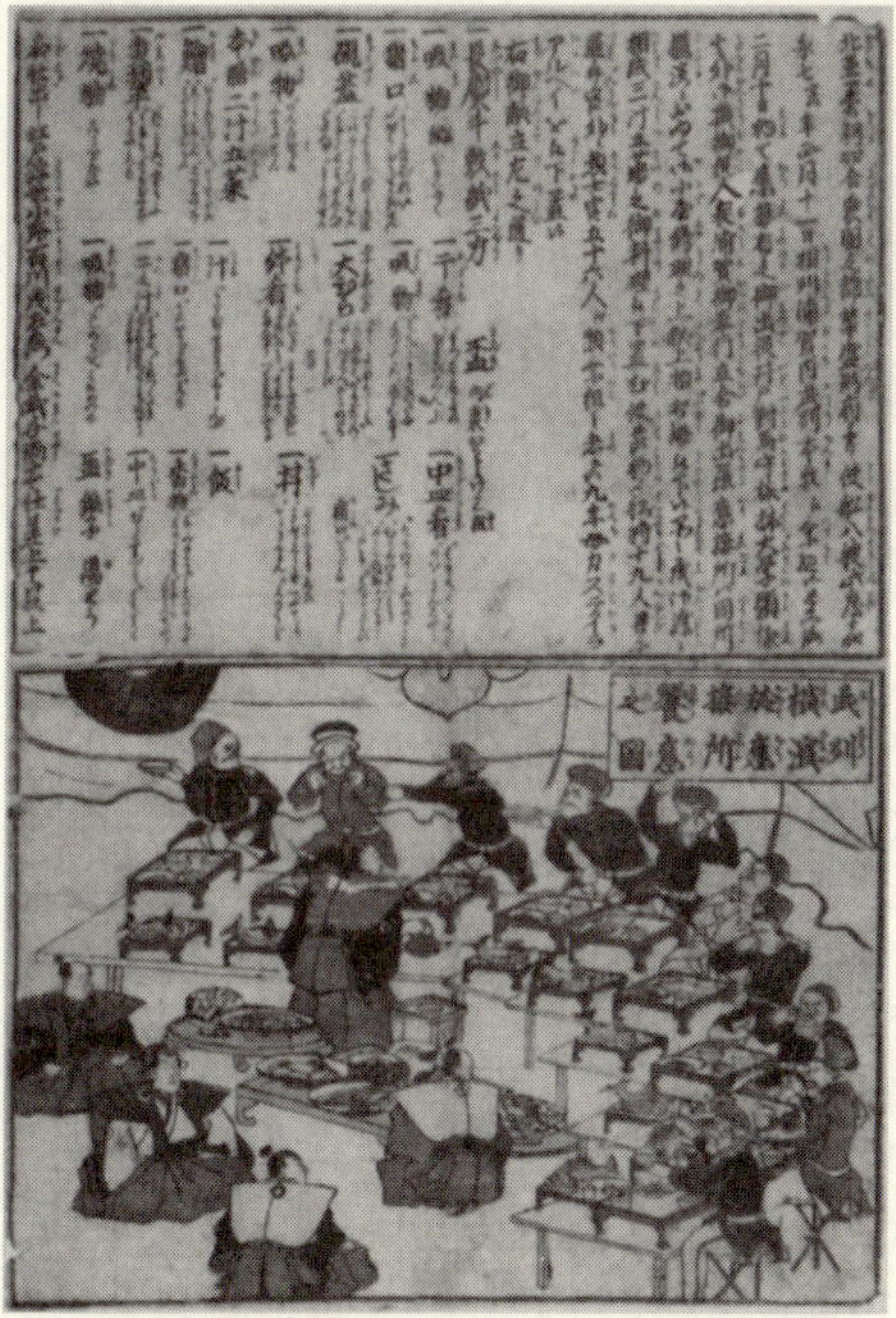

武州横浜於応接所饗応之図（横浜市中央図書館蔵）

一 長熨斗《ながのし》 敷紙三方
一 盃 内曇り土器三ツ組
一 銚子
一 吸物 鯛鰭肉
一 干肴 松葉するめ 結ひ昆布
一 中皿肴 はまち魚肉 青山升
一 猪口 唐草かれい 同坊風 わさひせん
一 吸物 花子巻鯛 篠大こん 新粉山升
一 硯蓋《すずりぶた》 紅竹輪蒲鉾 伊達巻すし 鶴羽盛 花形長芋 緑こんふ 久年母 かわ茸
一 すまし吸物 さゝい 鮫掛平貝 ふきの頭せん
一 うま煮（ぶた煮、一本）丼 車海老 押銀なん 粒松露 目打白魚 しのうと
一 鶏卵葛引大平 肉寄串海鼠 六ツ魚小三木 生椎茸 細引人しん 火取根芋 露山枡
一 鉢 鯛筏 友身二色むし 風干魴鮄 菜花 自然生土佐煮 土筆麴漬 酸取せうか
一 茶碗 鴨大身 竹の子 茗荷竹
一 差身《さしみ》 平目生作り かじめ大作 鯛小川巻 若しそ 生海苔 花わさひ

猪口　土佐せうゆ　いり酒　辛子

二汁五菜　本膳

鱠　鮑笹作り　糸赤貝　しらか大根　塩椎たけ　割くり　葉付金かん

汁　米摘入　布袋〆治　千鳥牛房　二は菜　花うと

香物　奈良漬瓜　味噌漬蕪　篠巻菜　はなしほ　房山枡

煮物　六ツ花子　煮抜豆ふ　花菜　　めし

二の膳

敷みそ蓋　小金洗鯛　よせえひ　白髪長芋　生椎たけ　三ツ葉

汁　甘鯛背切　初霜昆布

猪口　七子いか　鴨麩　しの牛房

台引　大蒲鉾　　焼物　掛　塩鯛

吸物　吉野魚　玉の露　　中皿肴　平目作身　花生賀

盃　　銚子　　飯鉢　　通ひ　　湯　　水

菓子

一　海老糖

一　白石橋香

最初に、祝儀の意味をこめたスルメや結び昆布などの縁起物が酒とともに供され、次に、山海の珍味を集めた酒饌《しゆせん》料理。そして、メインはアワビや赤貝、豆腐の煮物などを含む本膳料理。最後に、カステラなどの菓子三品が出されている。客膳料理や儀礼では獣肉を使わないのが原則だったので、魚、貝、鴨料理はあるものの、獣肉料理はほとんど見当たらない。ただし、客がアメリカ人であることを意識したらしく、「うま煮丼」には猪の肉が使われている。

この献立の品数は、盛時の朝鮮通信使への饗応に比べると、やや控えめだといっていいだろう。料理を仕出ししたのは江戸の料亭「百川《ももかわ》」で、一人前三両、菓子一人前銀五匁七分で三百人分を請け負ったと伝えられている（ただし異説もある）。児玉定子氏は『日本の食事様式』で、一人前三両というこの饗応の費用は、当時の大工の手間賃六十人分に相当する、と試算している。

余談ながら、百川というと、落語愛好者は故六代目三遊亭圓生が得意にした『百川』を思い出すのではないか。百川は江戸時代、日本橋浮世小路（現在の中央区日本橋室町二丁目）に店を構えていた有名な料亭だ。落語の『百川』は、実際にあった話

ペリー一行饗応の図　松代藩の絵師、高川文筌原画の写し（横浜市中央図書館蔵）

を元にしたとも、宣伝用に創作されたとも言われている。当時の料理を味わってみたいと思ったが、残念ながら、百川はすでに明治の初年に廃業していた。

では、この幕府の饗応を受けたペリーの反応は、はたしてどのようなものだったのか。ペリーの遠征記には次の記述がある（『ペルリ提督日本遠征記（三）』）。

委員達の宴会は、賓客達に著しく好ましい印象を与へた訳ではなかつたが、賓客達は主人側の款待を大いに喜んだ。主人側の鄭重と甲斐甲斐しい深切ぶりは、礼儀上遺漏がなかつた。けれども賓客達は自分等の前に設けられた異様な饗宴によつて、ほんの僅かしか満足させられない食慾を抱いたまゝ立ち去つたことを白状しなければならない。（中略）パウアタン号上で日本の委員達に饗した晩餐は、その量に於て少くともこの日本人から供せられたものに二十倍するものであつたと思ふ。一言もつて云へば、日本人の饗応は、非常に鄭重なものではあつたが、全体として、料理の技倆についで好ましからざる印象を与へたに過ぎなかつた。琉球人は明かに、日本人よりもよい生活をしてゐた。

どうも本膳料理はペリーのお気に召さなかったようだ。「ハレの料理」として儀礼的な意味をもつ本膳料理は、味わうことよりも見た目の贅沢さが重視されている。しかも、日本料理は動物性蛋白質が少なく、淡白な料理が多い。刺身も「生の魚など気味が悪い」としか感じなかったのではないか。昆布、ゴボウ、かつお節のだし、わさびなど未知の味への戸惑いもあったはずだ。肉料理が中心で脂肪分の多い食事に慣れているペリーは、満腹感を得られず、美味しいとも思わなかったのだろう。

西洋料理に驚くべき食欲を見せる日本人

実は、右の引用部分にあるように、ペリーの方でもポーハタン号で返礼の午餐会を開いている。ペリーは日本遠征に際して、音楽隊、画家、写真家に加えて、用意周到にパリ仕込みの料理人まで同行していた。当初から、ペリーは料理による饗応を、先進文明を見せつけて威圧感を与える手段として、非常に重視していたのである。

条約調印直前の三月二十七日（陰暦二月二十九日）、ペリーは林大学頭、井戸対馬守《つしまのかみ》、伊澤美作守《みまさかのかみ》、鵜殿民部少輔、松崎満太郎の五名の委員と、従者ら約七十名をポーハタン号に招待した。ずっと以前から、ペリーは日本との関係が良好に運ぶようになったときに饗宴を催すつもりで、その饗宴用に、去勢牛や羊やニワトリなどを生かしたままにしておいたのだった。ペリーが連れてきた料理人は、一週間昼夜を問わず働いて多種多様の料理を準備した。牛や羊や鳥の肉、ハムや保存用に加工した魚、野菜、果物が惜しげもなく使われたが、これらのご馳走は日本人のためだけでなく、艦隊の士官全員にもふるまわれている。料理のほかに、シャンパンやワインやリキュールも大量に用意された。

『ペルリ提督日本遠征記（三）』が語るここから先の午餐会の光景は――ペリー側の記述を鵜呑みにするのはどうか、とも思いながら――読んで吹き出しそうになるのを、必死でこらえるしかない。それまで、日本の委員たちは謹厳で礼儀正しくふるまい、馴れ馴れしい様子はまったく見せなかった。ところが、首席委員の林だけは食事も酒も控えめだったが、他の委員は健啖家ぶりを発揮して、テーブルの上の料理は魔法のように消えてしまったという。さらに、アルコールをしこたま飲んで、林以外の委員はすっかり酔っぱらってしまう。

料理が「魔法のように」消えた理由は、日本人の流儀で、手をつけなかったものを土産として、懐紙に包んですべて持ち帰ってしまったからだった。しかも、委員たちはソースやシロップなどもおかまいなく、肉もシチューも砂糖漬けも一緒くたにして包んだらしい。

従者たちは別のテーブルで食事をしていたが、そちらではどんちゃん騒ぎが始まっている。日本人が音頭をとって乾杯をし、大声ではやし立てているそばで、アメリカの楽隊が負けじと大音量で音楽を演奏する。アメリカの士官が一緒に踊ろうと誘うと、チョンマゲに和服の日本人たちもアメリカ人と一緒になって、飛んだり跳ねたりしたという。

委員の一人の松崎は、ワインを何杯も飲んですっかりご機嫌になり、ペリーに抱きつくと首に両腕をまわして、「日本とアメリカは同じ心である」という意味のことをくどくどと繰り返した。これを見た士官が、あとで「よく我慢できましたね」と言うと、ペリーは平然と「もし彼らが条約に調印するのであればキッスも許すよ」と答えたそうだ。

このように日本人は、禁じられていたはずの肉料理も喜んで食べ、初めて口にするシャンパンやリキュールの美味しさに驚いたのだった。この午餐会の四日後の三月三十一日（陰暦三月三日）に、日本が鎖国を解く画期的な日米和親条約が調印された。幕府はこの日も、ペリー一行を本膳料理でもてなしている。だが、ペリーが日本料理をあまり喜んで食べていないことは、幕府側でも気づいていたに違いない。

この祝宴の際、林が「辺鄙《へんぴ》な横浜ですので粗餐しか出ませんが、どうかご容赦ください」と言うと、ペリーは「それなら、なぜわれわれを江戸に招いて、肉も交えた豪華な饗宴を催さないのですか」と皮肉を言った、というエピソードが残っている。これは皮肉というより、「肉料理を食べたい」というペリーの本音だったのではないか。

こうして、開国とほぼ同時に、欧米人に対する饗応の料理は全面的に見直されることになる。ペリーの来航は、グルメという視点からも、日本に一大変革をもたらすことになったのだった。

第二章　最後の将軍によるフランス料理の饗宴
――アーネスト・サトウ

日本通の外交官として活躍

ペリー来航により、日本の鎖国の扉が開かれたのは一八五四（嘉永七）年だった。アジア植民地化を進める欧米列強は、日本に対して市場開放を迫っていく。その外圧を受けながら、幕藩体制が揺らぐ日本国内では内部分裂が起こり、尊王攘夷、討幕運動が展開した。開国から明治維新までの十四年間、未曾有の変革の嵐が日本列島を吹き荒れるのである。

当時の〝外圧〟の中心だったイギリスは、表向きは幕府を中央権力と認めつつ、薩長の討幕勢力の動きも抜け目なく探っていた。この幕末日本のイギリス外交の立役者だった初代公使ラザフォード・オールコックと次のハリー・パークスの二人に仕え、通訳や情報収集で活躍した外交官、それがアーネスト・サトウである。

サトウは、幕末から維新までの日本で体験したさまざまな出来事を書き残した（坂田精一訳『一外交官の見た明治維新』上・下巻)。また、萩原延壽氏による『遠い崖──アーネスト・サトウ日記抄』(全十四巻)もあり、この時期の日本を知るための貴重な資料となっている。

日本に憧れ、「優れた日本学者になる」と決意したサトウが、初めて来日したのは一八六二(文久二)年だった。そのとき、まだ十九歳の若者だったサトウは、日本語の会話はもとより読み書きも短期間でかなりのレベルに達し、三年後には、早くも日本語の辞書の編纂に着手している。当時、サトウは公使館の一通訳官にすぎなかったが、日本の事物への好奇心が旺盛な上に、言葉が通じるので、日本人からも好かれたらしい。

アーネスト・サトウ

サトウが来日した翌年、伊藤俊輔と井上聞多──のちの伊藤博文と井上馨──を含む五人の長州藩士が、イギリス商船に乗ってひそかにイギリスへ留学する。しかし、伊藤と井上の二人は、薩英戦争の勃発や長州藩の外国船砲撃事件を知り、急遽帰国した。海外の実情を知った二人は、藩主を説得して藩論を攘夷から開国へ転換させようとしたのだった。

このとき、伊藤と井上がオールコックに協力を求めたことから、サトウはこの二人と頻繁に情報交換を行うようになる。結局、藩主の説得には失敗し、二人の帰国は無駄になるのだが、以後もサトウは二人と文通を続けた。現存するサトウの伊藤宛ての書簡は、見事な「候文」で書かれている。

当時のイギリスの情報源の幅広さは他国を圧倒している。これは、フランス公使のレオン・ロッシュが、幕府にしか目を向けていなかったのとは対照的だった。その背後に、日本語に堪能なサトウの縦横無尽な活躍があったことはいうまでもない。

若き日の伊藤博文が用意した洋風料理

『一外交官の見た明治維新』には、日本人との会食や饗応に関する興味深い記述が随所にある。なかでも、前述した伊藤俊輔（博文）に受けた接待の様子が面白い。一八六四（元治元）年八月、長州藩と英・米・仏・蘭の四ヵ国連合艦隊の間で下関戦争が起こり、伊藤らの尽力で講和がまとまった直後のことだ。

このころサトウは、裏表のある幕府の家臣よりも長州人が好きになり、尊敬の念も起こってきた、と書いている。一方、洋行帰りの開国主義者である伊藤は、すっかりサトウの積年の知己のようにふるまっていたらしい。サトウが下関に上陸した九月二十七日（陰暦八月二十七日）に、伊藤はサトウを食事に招いて精一杯のもてなしをした。

サトウによれば、伊藤はヨーロッパ風の食事を用意しようとして大いに骨折っていた。長さ二メートル余り、幅一メートルほどの食卓をつくり、その上にテーブルクロス代わりの外国製の布をかぶせて、ナイフと真鍮のスプーンとを置き、一対の箸も添えてあった。食卓の上には醬油、米飯を盛った大きな丼、粗塩を盛った小皿などもあった。最初に登場したのは黒ハゼを煮た料理で、サトウはそれを切るのに大変苦労している。魚の頭に箸をさしこみ、スプーンで肉をはがして、なんとか食べることができた。

二番目は鰻を焼いたもので、続いてスッポンのシチューが出てきた。この二つの料理は「大変にうまかった」という。だが、そのあとのアワビの煮たものと鶏肉の煮物は「全くお話にならなかった」。味わう以前の問題として、用意されたナイフには切っ先がないので、いくら悪戦苦闘しても切り分けることができない。その上、ナイフの刀身はいまにも柄から抜けそうなありさまだった。ついに、サトウはアワビと鶏肉を食べるのを断念せざるをえなかった。

デザートに出たのは柿だった。米でつくった甘いビール（みりんのこと）に漬けた未熟な柿の皮をむいて、四つ切りにしたもので、サトウは「これは素敵にうまかった」と評している。さらに、「この饗応は、日本のこの地方で洋風の食事を出した最初のものだったに違いない。あるいは、日本の国内で最初のものだったかもしれない」とも述べている。ちなみに、サトウはこのころ、日本で食用の牛を手に入れようと何度も試みたらしいが、成功していない。

伊藤はサトウへの饗応の宴に牛肉料理は出せず、柄から抜けそうなナイフしか用意できなかったのだが、江戸からかなり距離があり、攘夷の風が吹き荒れていた下関の地だったことを思えば、それも無理はなかっただろう。この饗応からは、イギリス留学の際に西洋料理の味を知った伊藤が、下関の料亭で出されていた鰻の蒲焼きやスッポンやアワビの和風料理を、自ら指揮して洋風にアレンジし、サトウに供したことが想像されるのである。

当時、横浜の外国人居留地では西洋料理が食べられていたが、それはあくまで例外で、日本において西洋料理はまだ珍しいものだった。伊藤博文は日本で西洋料理による饗応を試みた先駆者の一人だった、と言えるだろう。

鹿児島や宇和島での藩主の酒宴

この後も、サトウは各地でさまざまな日本人からの饗応を受けることになる。オールコックに代わって、一八六五（慶応元）年に着任したパークスにも、サトウは片腕として重用された。パークスが臨む日本人との会議や折衝の場には、通訳として必ず同席し、パークスと同じ饗応を受けたのだった。

そうした際も、サトウは日本料理をまったく苦にしていない。というのは、横浜と違って江戸ではパンや牛乳が手に入らなかったため、サトウは近くの評判のいい日本料理店「万清」から食事を取り寄せて、毎日食べていたからである。「そうしているうちに、子供のときから食べつけている食物と同じほど、日本料理が好きになった」とも述べている。

ハリー・パークス

サトウは江戸を離れて、しばしば地方を旅しているが、それは情報収集を目的とする旅だった。サトウは鋭い観察眼で、各地の大名などから受けた饗応についても書き残している。一八六六（慶応二）年秋、サトウはパークスに、長崎から鹿児島、宇和島を訪ね、帰りに兵庫に立ち寄って政治上の情報を集めてきてほしいと頼まれた。徳川家茂《いえもち》が没し、一橋慶喜が徳川家を継ぐことになった直後である。パークスは近畿以西の政局を見極めるために、サトウを派遣したのだった。

十二月十二日（陰暦十一月六日）に出発したサトウは、まず長崎のイギリス領事館を訪れ、シーボルトの娘伊禰《イネ》や、長崎へ来ていた各藩の藩士たちから話を聞いた。次の薩摩では手厚い歓迎を受けている。最初の日の饗応は酒と二、三品の日本料理で始まり、シェリー酒、シャンパン、ブランデーも出され、洋食の皿が次々に運ばれた。翌日はヨーロッパ風の宴席が設けられ、サトウは料理の素晴らしさを誉めている。だが、これは外交辞令だったらしく、「本当のことを言うと、ごちそうはそんなによくはなかったし、料理の取り合わせも感心したものではなかった」と書いている。

鹿児島から四国の宇和島へ移動したサトウは、藩主である伊達氏の屋敷に招かれて饗応を受けた。その日本料理は見事なもので、どの皿も美しくアレンジされていたという。もっとも趣向が凝らされていたのは、羽毛が生えたままの野鴨だった。サトウによれば「その鳥は、泳いでいるとも、また飛んでいるとも思わせるような仕組みになっていて、ぴんとはね上がった両翼の間の背の上に、焙った肉の細かく刻んだのがのせてあった」。

さらに、大きな伊勢エビや、儀式につきものの鯛の焼き物も出された。サトウは燗をした酒をすすめられて飲み、藩主や隠居（前藩主）らと談笑した。そのうち、美女たちが入ってきて、音楽が奏でられて踊りが始まり、酒がどんどん出て親睦と歓楽は増したが、政治的な意見の交換は吹っ飛んでしまった。隠居や家老も踊り出し、サトウも珍しく酔った。翌日出発するとき、彼は名残惜しさでいっぱいだったという。宇和島で受けた日本式の歓待によほど感激したらしい。

最後の目的地の兵庫で、サトウは西郷吉之助（隆盛）に会った。「黒ダイヤのように光る大きな目玉をしているが、しゃべるときの微笑には何とも言い知れぬ親しみがあった」とサトウは書いている。パークスから「内政不干渉」という訓令を受けていたにもかかわらず、このときサトウは、「われわれイギリス人は幕府に対して重大な疑惑を感じております」と西郷に伝えているように、かなり討幕勢力の側に身を置いた発言をしている。そのため、西郷との話も、幕府の権威と薩摩藩の立場などをめぐって、ずいぶん突っ込んだものになった。その会談でも途中で酒と肴が運ばれてきて、サトウはさまざまな日本料理を賞味した。翌日、サトウは横浜へ向けて出港している。

将軍慶喜の謁見の日のメニュー

江戸に戻ったサトウは、三週間後に再び大坂へと旅立つ。十五代将軍の地位に就いた徳川慶喜が、大坂城で外国公使たちと会見することが決定したからだった。これは、将軍の権威を国際的に承認させるためのもので、ペリーに対する饗応から十三年後にして、ついに日本で、将軍が主催する本格的フランス料理の饗応が行われたのである。

それに先立って、英・米・仏・蘭の四ヵ国の公使は、新将軍との謁見の儀礼をどうすべきか、意見を交わしている。サトウによれば「全くヨーロッパの流儀によって行なうことに決まった」。たとえば、公使とその随員を切り離すとか、靴を脱ぐとか、それまで日本で行われてきたいくつかの儀礼上の慣行には、いっさい従わないことで合意したのである。開国後、国際社会に組み入れられた日本は、このように饗応の儀礼でも、日本の伝統的な礼式ではなく、ヨーロッパの慣行に従うことを求められたのだった。

外国公使側の要求にも理由があった。というのは、幕府の最初の提案は、将軍が座っている部屋に公使は足を踏みいれることさえできない、というものだったからだ。三十六畳敷の広間を隔てて謁見するというのである。このとき、パークスの代理で幕府側の奉行と交渉したのは、二等書記官として着任したばかりのA・B・ミットフォードだった。彼は、イギリス公使が日本における第二人者（将軍）に対して、ヨーロッパの王国の第一人者（国王）に接する場合に要求される儀礼以上の儀礼で接すると想定するのはまったく間違っている、と指摘した。つまり、日本の第一人者は将軍ではなく天皇だ、ということをはっきり宣言したのである。

さらに、ミットフォードは個人的な意見として、それが受け入れられなければ、イギリス公使は招待を断るだろう、とも幕府側に伝えた。こうなると〝恫喝外交〟の一歩手前だ。ミットフォードは公使館の序列ではサトウの上位にあったが、サトウほど日本語会話力はなかったので、この交渉もサトウの通訳で行われたらしい。このとき二十三歳だったサトウと二十九歳のミットフォードは、生涯の親友となっている。

徳川慶喜

ちなみに、その直前の一八六七年一月三十日（慶応二年十二月二十五日）に孝明天皇が没したため、予定されていた将軍の謁見日は一時延期されている。そして、十四歳の少年（明治天皇）が即位した。

服喪の期間が過ぎた一八六七年四月二十九日（慶応三年三月二十五日）、大坂城中でイギリス公使パークスに対する内謁見が行われ、翌日からオランダ、フランス、アメリカと続いた。饗応の食事はフランス料理だったが、その背後にフランス公使ロッシュの進言や助力があったことは間違いない。幕府に極度に肩入れしていたロッシュは、事前に慶喜と単独で会見するなど、パークスへの対抗意識をあらわにしている。二十九日にパークスが接待された料理のメニューを以下に紹介してみよう（『幕末維新外交史料集成』第一巻礼儀門に記載された献立の表記を、萩原延壽氏が現代風に改めたもの）。

〈料理〉

スープ（鶏肉）

ポアソン（魚、不明）

フィレ・ド・ブフ（牛のフィレ肉）

ロスビフ（ロースト・ビーフ）

アリコベール・ア・ラ・メートルドテル（さやいんげん、メートルドテル・バ

ター）
ジャンボン・トリュフェ（トリュフ入りハム）
シュプレーム・ド・フィレ・ド・ヴォライユ（鶏のささみ）
カイユ・ベカシーヌ（うずら、しぎ、野鳥）
プチ・ポワ・ソテ（グリンピースのバター・ソテ）
パテ・ド・ヴォライユ（鶏のパテ）
ブーシェ・ア・ラ・ベシャメル（ベシャメルソース入りパイ）
サルミ・ド・グリーブ（つぐみのワイン煮）
クルート・ド・シャンピニョン（マッシュルームのパイケース詰め）
アスペルジュ（アスパラガス）
プディング・ア・ラ・ディプロマット（ババロワをスポンジで囲って冷したもの）
ジュレ・オ・キルシュ（キルシュ酒風味ゼリ）
ヌガー（アーモンド菓子）
オランジュ（オレンジ）
レザン・ド・ミュスカ（マスカットぶどう）

プリュノー（干しすもも）
パピヨット（紙に包んだボンボン）
ジュリエンヌ・ド・フリュイ（果物）
ムラング・ア・ラ・シャンティイー（メレンゲ、泡立ちクリームかけ）
ビスキュイ・グラーセ・オ・キルシュ（ビスケット状アイスクリーム、キルシュ酒風味）
ポアール（洋梨）
フィーグ（いちじく）
グラーセ（糖衣菓子）
〈飲み物〉
シェリー（シェリー酒）
ボルドー（ボルドー・ワイン）
コート・ロチ（フランス中部コート・デュ・ローヌの銘赤ワイン）
シャンパン
フロンティニヤン（甘味のデザート・ワイン）

とても十九世紀半ば——江戸時代の日本とは思えないような豪華な献立である。記録によれば、この料理をつくったのはフランス人シェフだったということだが、日本の料理人たちも手伝ったに違いない。ペリーへの本膳料理による饗応からわずか十年余りで、こうした光景が現実になったことは感慨深い。しかも、このとき慶喜は立ち上がって、イギリス女王の健康を祝して乾杯の音頭をとっている。そうした習慣がない日本では、これは驚くべきことだった。慶喜がいかに外国公使に気を遣っていたかがわかるだろう。

幕府は倒れ、フランス料理の饗応は残った

意外にも、サトウはこの饗応の料理については何も書いていない。西洋料理ということで、特別な印象がなかったのか、あるいは将軍謁見の場で通訳を務めるという緊張のせいで、料理など眼中に入らなかったのだろうか。この日の幕府の饗応は行き届いたもので、マナーも洗練されており、大坂城の豪壮さや内部の障壁画の華麗さなども、パークスらには好ましい印象を与えた。なにより、パークスもサトウも慶喜の人間的な魅力にすっかり魅せられてしまったのである。

パークスは本国への報告書に「毅然とした態度と、非常に親しみをおぼえる態度と

が、将軍の中で同居している。かれがまだ三十一歳の若さであるということは、古い偏見やしきたりと取り組むさいの柔軟性、変化する環境にたいする適応性という点で、大きな期待をいだかせるものであり、このような期待を旧式の日本の政治家に求めることは、ほとんどできないことなのである」と手放しで賞讃しているほどだ。

一方、徳川慶喜の登場は、討幕派の人々に強い危機感を呼び起こすことになった。サトウはこの謁見後も各地の藩主を訪問し、西郷吉之助、後藤象二郎、井上聞多、木戸準一郎（孝允）、伊藤俊輔らに会って情報収集に努めていたが、さすがの彼も、討幕派の動向はつかめていなかった。

同年十一月九日（陰暦十月十四日）、パークスやサトウにとっては信じがたいことが起こった。大政奉還である。慶喜が自ら将軍職を辞任して政権を朝廷に返したのだった。パークスらは不意打ちをくらったが、大政奉還後も実権は天皇ではなく慶喜が掌握し、幕府の権力はむしろ強化される、と解釈したらしい。

だが、歴史は慶喜の思惑とは違う方向に動いていく。ここから、幕末の熾烈な抗争の幕が切って落とされたのである。大政奉還が行われた前日と当日に討幕の密勅を手に入れた薩長は、王政復古のクーデターを敢行。その後、フランス公使ロッシュは本国へ更迭され、幕府はフランスの軍事支援を期待できなくなる。一八六八（慶応四）

年、ついに江戸幕府は倒壊し、天皇を中心とする維新政権が誕生したのだった。

こうして幕府は倒れたが、その直前に徳川慶喜が外国公使に対して行ったフランス料理の饗応は前例化し、維新後は外国使節の接遇所、さらには宮内省大膳職《だいぜんしき》にも引き継がれていく。歴史の皮肉というものを感じずにはいられない。

第三章　天皇が初めてホストを務めた日
――明治天皇（1）

外国公使の謁見から始まった皇室外交

幕府が倒壊して、天皇睦仁（明治天皇）は名実ともに日本の君主の地位に就いた。「明治」と改元された一八六八年の時点で、天皇は十五歳の少年にすぎない。だが、新政府はこの多難な時期を乗りきっていくために、どうしても天皇を旗印にする必要があった。そのため、この十五歳の少年は、権威と権力の両方を体現することを、否応なしに求められていく。

まだ京都にいた天皇が、最初に外交の舞台に立たされたのは外国公使の謁見だった。イギリス公使パークスは、一八六八年三月二十三日（陰暦二月三十日）に天皇に謁見することになり、通訳官アーネスト・サトウや二等書記官のA・B・ミットフォードなど数名を伴って京都御所へ向かった。

ところが、御所の近くまで来たとき、突然、攘夷を叫ぶ浪人が一行に斬りかかり、負傷者が出る事態となる。パークスもサトウもミットフォードも無事だったが、その日の謁見は中止せざるをえなくなった。この不祥事は、新政府ばかりでなく天皇にも衝撃を与え、天皇はパークスに使者を送って、見舞いの言葉と遺憾の意を表した。

それまで天皇は御簾《みす》の向こう側にいて、将軍でさえ直接拝謁することはできず、勅命を拝聴できるのは少数の公卿のみ、という特別な存在だった。その神聖な天皇が外国人と対面し、言葉を交わすなど絶対に許せない、と憤慨する過激な攘夷派も、当時はまだかなりいたのである。

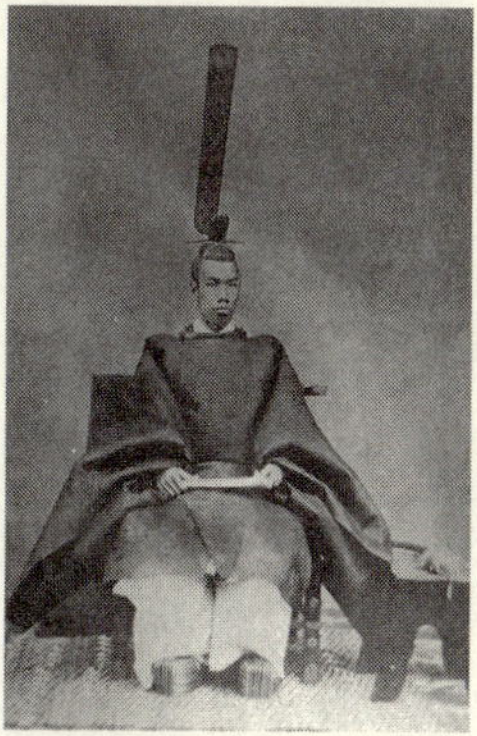
明治天皇

謁見はこの襲撃事件の三日後に、改めて行われることになった。このとき天皇に対面したのは、パークスとミットフォードの二人だけで、サトウはイギリスの女王に拝謁した経歴をもたないため、外交上の儀礼により、他国の君主である天皇に謁見をすることができなかった。ミットフォードは、その日の天皇の様子を次のように描写している（長岡祥三訳『英国外交官の見た幕末維新』）。

「眉は剃られて額の上により高く描かれてい

た。頰には紅をさし、唇は赤と金に塗られ、歯はお歯黒で染められていた。（中略）まだきわめて年若なうえに、女官たちのいる大奥から離れて新しい地位に就いたばかりだということから予想されたように、天皇は少しはにかんでいたように見えた」

天皇はお歯黒をし、化粧をしていたのである。この謁見の当日、はたして天皇が役目を無事にはたせるだろうかと、政府の要人たちは気をもんでいたらしいが、それも無理はない。しかも、政府にとって、外国との交際は日本が近代化を進める上での最重要課題であり、〝皇室外交〟への期待も大きかった。

実は、朝廷ではそれまで、新嘗祭《にいなめさい》や神嘗祭《かんなめさい》などの神事は行われていたものの、客人をもてなすような饗応の機会はほとんどなかった。児玉定子氏の『宮廷柳営豪商町人の食事誌』によれば、徳川幕府成立から大政奉還までの二百六十四年間に、宮廷が客人を迎えて饗宴を張ったのは二回だけだという。その客人とは、一八六二（文久二）年に孝明天皇の皇妹和宮と婚儀をあげた十四代将軍家茂である。その翌年と翌々年、上洛した家茂に対して宮中で二回の宴会が催されたが、当然のことながら、その饗応は日本料理だった。

ペリー来航で日本が開国した後も、宮廷は西洋料理とは無縁であり、大膳職と呼ばれる料理人によって、純粋な日本料理の伝統が守られていた。もちろん、明治天皇もそれまで日本料理しか口にしたことはなく、その後もずっと日本料理を好んでいたらしい。天皇の好物は、鮎や鯉や鱧《はも》などの魚類で、里芋や京野菜も好きだったという。

急速に進められた宮廷改革

維新後、明治政府はあらゆる面で西洋文化の導入を急いだ。その背景には、江戸幕府が各国と結んだ条約の改正問題があった。条約改正を交渉するためには、日本も欧米諸国と同じ文明国であることを示す必要がある。そのためにも西洋化を推進する、というのが新政府の方針だったのである。

また、前述した児玉定子氏も指摘しているように、伊藤博文や西郷隆盛など、明治の支配者層の多くが下級武士出身だったことは、よく知られている。江戸時代の閉鎖社会のなかで、下層の人々が上層の伝統的食事様式に精通していたとは考えにくい。家格が高い公家の三条実美などは別にしても、下級武士出身の政府の閣僚たちが、皇族や将軍が食べていたような日本料理に接する機会は、ほとんどなかっただろう。

さらに、洋行経験のある伊藤博文らは、主催者も客もみな同じテーブルについて、分け隔てなくもてなす西洋式のオープンな接待を知り、むしろ、それを積極的に取り入れようとしたようだ。それまで日本では、高貴な身分の者が目下の者と同席して食事をすることはありえなかった。天皇が一八六八年に外国公使一行に謁見を許した際は、待ち時間にお茶と菓子を出しただけで、食事の饗応はしていない。天皇が外国人と食事を共にするなど、考えられないことだったのである。

そもそも、天皇が外国公使と対面することが決まったと聞いただけで、宮廷の「奥」の女官らは大反対して、みな泣いて騒いだという。そうした旧勢力の抵抗に対して、新政府は一気に改革を推し進めていく。女官に囲まれて暮らし、お歯黒をし、化粧をしている天皇が、外国から奇異な目で見られることを危惧したためだった。明治元年、天皇は三つ年上の一条美子《はるこ》と婚儀を挙げ、翌年曖昧なうちに東京が首都となる。その間にも、宮廷改革が大胆に進められた。政府はまず、奥向きの決定権を女官から奪って皇后一人に集中させた。そして、天皇の侍従を男性だけでかためたのである。士族出身の硬骨漢が宮中に送り込まれ、学問や武術の訓練が始められたが、これは西郷隆盛の主張だったという。天皇は彼らの影響を受けて乗馬を好むようになり、お歯黒や化粧の風習は廃された。

国際社会にデビューして日が浅い日本の皇室に対して、外国の王室からの表敬訪問が始まろうとしていた。その先陣を切ったのが、イギリスのビクトリア女王の第二王子エジンバラ公アルフレッドである。一八六九（明治二）年夏、エジンバラ公来日の通告を受けた日本は大騒ぎになった。外国の王子が天皇を訪ねるのは初めてだったからだ。

政府はこの機会に、まだ根強く残っている攘夷思想を消し去り、西洋化路線を徹底させようと考える。ところが、国賓を受け入れるのにふさわしい宿泊施設もなければ、警備も接待の儀礼も手順も何も決まっていない。天皇の挨拶の言葉、演奏する音楽、会食する場合の席順、記念品など、どれを取っても前例がないのである。政府は悩んだ末、エジンバラ公に対して、東京で天皇が会見することを決めたのだった。

最初の外賓の接待はお茶と菓子

このときの騒動について、『明治天皇紀』には「英国王子接遇の苦心」という一節がある。それによると、最初、王子を吹上御苑の茶亭で延見しようとしたところ、イギリス公使パークスが、席を宮中に設けることを求めたので、場所は皇居の大広間に変更された。さらに、パークスはその他の点でも細かく注文を出し、王子に対する日本の待遇は薄すぎる、と言わんばかりに不満の色を見せたという。

とはいえ、外国人が皇居内に立ち入ることへの尊王攘夷派の抵抗は、まだ相当残っていたらしい。その後、政府が外国皇族接遇の令を発した際も「厚遇しすぎ」だという論難攻撃が相次いでいる。ついに、これは天皇の意志だということを楯に、岩倉具視らが反対派を説得してようやく鎮静した。

エジンバラ公に対する饗応は、そうした混乱のなかで行われたのである。政府は、天皇がまだ外交儀礼に不慣れなことを配慮して、正式な晩餐会や午餐会に王子を招待するのは避け、謁見式を昼食と夕食の間のティータイムに設定した。まさに、苦肉の策だったといえるだろう。

九月四日（陰暦七月二十八日）、エジンバラ公、パークス、ミットフォードほか数人の随員が宮中の大広間に案内されると、天皇は立ち上がって一行を迎えた。アーネスト・サトウはこの年の二月に賜暇を得て、イギリスへ一時帰国していたため、この場にはいない。

儀礼的な挨拶が交わされたのち、エジンバラ公は御苑のなかの紅葉茶屋に案内され、お茶と山海の珍味を供された。さらに滝見茶屋へと招かれ、そこで待っていた天皇と談話したが、二人の間で話がはずんだ、とは思えない。ともかくこの日、天皇は初めて外国の王族と言葉を交わしたのである。その場でエジンバラ公に出されたのは、お茶と菓子だけだった。ミットフォードは、「この特殊な宮中の儀式は、確かに通常とは異なるものだった」と述べている。

王子が東京を発つ前には、赤坂和歌山藩邸（のちの赤坂離宮、現在の迎賓館の場所）で能と狂言見物と日本料理による饗応が行われた。ただし、この宴席には天皇は顔を見せず、名代が陪席したらしい。このときの料理は酒饌と二汁五菜の本膳料理で、江戸時代から有名な料理屋「八百善」が仕出ししたという。また、この日、王子が宿泊している延遼館で相撲が披露され、夜になると、花火と奏楽の宴が催された。この後も、能と狂言と相撲は、外賓を接待する際の娯楽の必須プログラムになっている。

延遼館は、旧甲府徳川家の別邸（のちに浜離宮と改称）を政府が幕府から接収し、さらに宮内省の所管に移したのち、外国人が宿泊できるように内部を西洋風に改装したのである。帝国ホテルも鹿鳴館もまだない時代に、政府のゲストハウスとして使われていたのがこの延遼館だ。

その日は日本料理を出しているので、まだ、外賓への饗応は必ずフランス料理、と決まっていたわけではない。体制が整っていなかったことも考えられる。宮廷の大膳職は、最高級の日本料理をつくってきた料理人だが、フランス料理については初心者同然だ。そうなると、西洋料理店で修業した料理人を雇うか、西洋料理店に料理を外注するしかない。

すでに、一八六八年には日本人による初の本格的ホテル「築地ホテル館」が開業している。この築地ホテル館の食事はすべてフランス料理だった。しかし、この時点では上野精養軒も帝国ホテルも存在せず、明治初年のフランス料理は、日本人の大半にとって縁がないものだったというべきだろう。それは、天皇にとっても同じだったのである。

西洋式テーブルマナーの特訓

『明治天皇紀』には、一八七二年一月一日（陰暦明治四年十一月二十一日）に、天皇が西洋料理を食べたという記述が初めて登場する。これは横須賀造船所を視察したとき、乗船した軍艦で西洋料理の昼食が出されたのだった。

そして、一八七二年一月二十六日（陰暦明治四年十二月十七日）、日本の食物史における画期的なできごとが起こった。天皇がこの日初めて獣肉を口にし、肉食の禁が解かれることになったのである。それ以後、天皇は牛や羊の肉料理を日常的に食し、豚や鹿や猪の肉などもわずかに食べたという。

実際には、牛鍋やすき焼きなどを出す店もすでにあり、肉食は行われていたといえるのだが、正式に解禁されたのはこのときだった。同年には、仮名垣魯文の『西洋料理通』や敬学堂主人の『西洋料理指南』も出版されている。前者では、スープから魚・肉・野菜の料理、菓子の作り方までが解説され、後者では、栄養価が高い牛羊鶏豚を使う西洋料理の作り方を学んで、日本人は健康の増進を図るべきだ、と奨励している。

天皇がこのとき率先して肉を食べたのも、政治の肉食奨励の方針のためだったらしい。すべて、日本を近代国家として外国に認めてもらうための涙ぐましい努力だった。その後、天皇は延遼館でも何度か西洋料理を食べている。

「文明開化」のかけ声のなかで、一八七二（明治五）年に天皇は初めて洋服を着用し、翌年には断髪した。その洋服は、横浜の外国人裁縫師が、内密に天皇の身体のサイズを採寸してつくったという。それ以前は、外国公使との謁見の場でも、朝廷の公事に着用する礼装の束帯姿だったのである。一八七二年には皇族の礼装に洋服が採用され、大礼服や通常礼服を定める一方、直垂《ひたたれ》、狩衣《かりぎぬ》、上下《かみしも》などが廃止された。

その翌年、天皇がナイフやフォークの正式な使い方を練習したという記述が『明治天皇紀』にある。まず、天皇に内豎《ないじゅ》として仕えていた華族の西五辻文仲《にしいつつじあやなか》が、築地精養軒主人北村重威《しげたけ》から西洋料理のテーブルマナーを学んだ。その西五辻の動作を真似しながら、天皇は実際に西洋料理を食べて覚えたという。皇后や女官たちも一緒に練習した。二十歳になった天皇は、君主として必須の「帝王学」のみならず、宮中での窮屈な儀式の手順を覚え、公式の会食の席で正しいマナーで飲食をし、威厳を崩すことなく自然にふるまい、当たり障りのない会話をすることも習得しなければならなかったのである。

その〝特訓〟の成果が試される日はすぐに来た。一八七三（明治六）年八月二十三日に、イタリア皇帝の甥に当たるトーマス・アルベルト・ビクトール・ド・サボア・ジュック・ド・ゼーンが来日した。そして九月八日、天皇は初めてこの外賓を西洋料理でもてなして、自らホストを務めたのである。前出の『宮廷柳営豪商町人の食事誌』で児玉定子氏は、「この日を境として、以後は外国の賓客に対する接待は、すべて西洋料理（フランス料理）で西欧の礼式に従って行われることになり、それは現代に至るまでつづいている」と指摘している。

つまり、このときから〝日本の正餐〟は日本料理ではなく、フランス料理になった。それから百三十年余り、いまもなお宮中晩餐会の正式なメニューはフランス料理である。

初めてホストを務めた午餐会

その四ヵ月前、欧米各国を歴訪していた岩倉使節団がイタリアのローマを訪れていた。特命全権大使の岩倉具視は、同年五月十三日に伊藤博文らを従えて、イタリア皇帝ビットリヨ・エマニュエル二世に拝謁し、明治天皇の親書を手渡している。皇帝からも、日本とイタリア両国の健全な外交関係の実現に努力するという回答があった。それを受けて、イタリア王室から皇帝の甥が初来日することになったのである。

『明治天皇紀』によれば、天皇は九月八日に参内したイタリア皇甥と馬車に同乗し、皇居近辺を回り、近衛師団や東京鎮台などの飾隊式に臨んだのち、吹上御苑紅葉茶屋に導いた。そこで「氷水」をとり、苑内を散策している。冷蔵庫も冷凍庫もない当時、氷は珍重されるものだったのだろう。

さらに、天皇は皇甥を滝見茶屋に招いて、そこで「午餐を共にし」たという。ただし、このときフランス料理を食べたのは、天皇とイタリア皇甥の二人だけだったようだ。日本側の天皇の御伴、皇甥の随員、各国の公使らには「酒饌を賜ふ」と別に書かれているからで、こちらは、酒とともに肴としてオードブルが何品か出た程度だったのではないか。そして、食事が終わると再び紅葉茶屋に戻り、天皇は皇甥をコーヒーとリキュールなどでもてなした。

このように、天皇が初めて外賓を食事で接待したこの午餐会は、多くの賓客が一堂に会する大広間ではなく、庭園につくられた休憩所ともいえる茶屋で催されたものだった。天皇をできるだけ緊張させないようにという配慮から、こうした饗応の形式がとられたに違いない。

この記念すべき一八七三年九月八日の料理のメニューは見つからなかったが、オーソドックスなものだったことが想像される。年若い天皇にとっては緊張の連続で、料理の味などはわからず、ゲストの前でナイフやフォークを正しい順番できちんと使い、恥ずかしくないマナーで食べ終えることだけで精一杯だったに違いない。

ちなみに、それから二十五年が過ぎた一八九八（明治三十一）年十月六日には、イタリア皇族コント・ド・チュラン・ビットリヨ・エマニュエル親王が来日し、その翌日、天皇は宮中で最も広い豊明殿で歓迎の午餐会を催している。その日のフランス料理のメニューには「赤茄子煮マカロニー」という文字があった。赤茄子、すなわちトマトである。パスタ料理で有名な相手国に敬意を表して、特別にコースのなかに加えられたのだろう。このころになると臨機応変に、饗応にもいろいろな工夫をする余裕が生まれていたのがわかる。

また、最初のころのホストは天皇一人で務めていた。西洋式の礼式とは違って、女性が公の場に出ないのを原則とする日本で、皇后が初めて天皇と共に宴席についたのは、一八七三年十二月二十八日の宮廷行事だった。その日は、料理も従来の日本料理からフランス料理に変更されている。

その後、皇后も西洋式の会食に慣れたようで、宮中でフランス料理を食べる機会も増えている。さらに、女子の皇族が晩餐会などで着る中礼服はローブデコルテと定められ、洋装での立ち居ふるまいも身につけていったらしい。いまでもよく耳にすることの「ローブデコルテ」という言葉もフランス語だ。こうして、外賓を歓迎する宮中晩餐会に、ホストの天皇と共に皇后もホステスとして同席するようになる。

政府が採用した西洋式の饗応は、すぐに上層の人々や財界人の間に広まった。この十年後には鹿鳴館が竣工して、政府の欧化政策はさらに過熱していくのである。

第四章　ダンスと美食による鹿鳴館外交
——井上馨

「お国のために」ダンスを踊った人々

明治維新を担った元勲のなかでも、評判が悪いのが井上馨だ。その人気のなさは、ついに総理大臣になれなかったことでもわかるだろう。さらに、鹿鳴館外交を推進したことで、井上には〝極端な欧化主義者〟というイメージが定着している。

フランス人画家ビゴーの諷刺画にも描かれているように、鹿鳴館の夜会に集った燕尾服とドレスを着た日本人の姿は、西洋人の猿真似のように滑稽で、喜劇の一幕か悪い冗談のようにも見られてきた。飛鳥井雅道氏は『鹿鳴館』で、鹿鳴館外交については「現在の歴史家も、軽く扱うだけで通り過ぎる」と述べている。

そのせいか、「鹿鳴館はどこにあったのか」ということすら、いまではすっかり忘れられている。答えは、「日比谷通りに面した帝国ホテルの南隣にある大和生命ビル（現在はＮＢＦ日比谷ビル）の場所」。かつての面影はどこにもなく、左側の壁に、

「鹿鳴館跡」という文字と短い説明文が刻まれたプレートがあるだけだ。ビルの一階はスターバックスで、ビジネスマンたちが屋外のテーブルでコーヒーを飲んでいる。明治初期の華やかな社交の場が、モダンなカフェに変わっていたのが印象的だった。

百二十年前、ここには贅を凝らした二階建ての殿堂がそびえ、多いときには千三百人もの人々が集まった。女性たちは慣れないハイヒールを履き、コルセットで身体を締めつけ、外国の外交官や士官とワルツやポルカのステップを踏んだ。ビゴーが嘲笑したように、それは猿に似ていたかもしれない。

けれども、外務卿（のちに外務大臣）の井上馨は大真面目だった。当時、政府の最大の急務は、幕府から引き継いだ外国との不平等条約の改正である。その交渉を少しでも有利に進めるために、外務省はなけなしの予算を支出し、公費をかき集めて、迎賓館として鹿鳴館を建設した。舞踏会でダンスを踊るのも、すべて条約改正交渉のためだったといえる。

政府高官の妻や娘たちも、「お国のためになるなら」という悲痛な覚悟で外国人と踊った。

井上馨

「男女七歳にして席を同じうせず」で育った当時の女性にとって、男性に抱擁されて踊るなど、不道徳でみだらなことにも思えただろう。鹿鳴館における異文化体験は、この島国から出たことがない女性たちに、世界というものを垣間見せる〝窓〟の役目を果たすことになった。そして、鹿鳴館といえば舞踏会のイメージが先行するが、そこには贅沢な料理の数々も並んでいたのである。

イギリス留学で開化論者に変身

誕生してまもない明治政府で、井上馨は木戸孝允、伊藤博文に次ぐ長州閥のナンバー3だった。幕末に伊藤とともに外国体験をしていた井上は、欧化政策を強引に推進していく。

一八六三（文久三）年、長州藩から五人の藩士が幕府の目をかすめて渡英した。そのうち、井上と伊藤の二人は同じ船に乗ったが、英語が話せなかったため、渡航目的を問われた井上は、「海軍研究」のつもりで「navigation」と答えてしまう。「航海術」を学びたいと誤解された彼らは、水夫と同じ扱いを受けることになる。渡航費用も払い、客員として乗ったはずだったので、こんな待遇はおかしいと二人は不満を抱くが、言葉が通じないので、しかたなく水夫として働く。

東都名勝図絵「鹿鳴館」

ようやく船はロンドンに到着したが、迎えが来ない。食事もできず、空腹にたえかねた井上が先に上陸して、食物を探すことにした。井上は安レストランで、塩漬け豚肉と乾いたパンと半熟の鶏卵という食事にありつく。塩漬け豚肉とはベーコンのことだろう。空腹だった彼はその粗末な食事に満足し、もう一人分を持ち帰ると、船で待っていた伊藤も大喜びで食べた。このとき井上は二十七歳、伊藤は二十二歳である。欧州の実際を見た彼らは、日本がいかに後れているかを痛感し、攘夷の念を捨てて開化論者に変身したのだった。

明治維新後の一八七一（明治四）年、伊藤は岩倉使節団に加わって欧米諸国歴

井上武子（左）と末子（『世外井上公傳第一巻』より）

訪に旅立ち、井上は国内に残る。その翌年、大火で銀座が焼失すると、井上は東京改造のチャンスとばかりに、強引に道路をつけかえ、全家屋に煉瓦造りを義務づけた。井上の狙い通り、銀座には新聞社や商店などが集まるようになった。従来の日本橋に代わって、銀座が東京の新しい中心的商業地として発展するのは、このときからである。

岩倉使節団が帰国すると、井上は一八七六年から二年間の外遊に出た。彼は妻の武子と娘の末子を伴っていたが、それは物見遊山のためではなく、美貌で知られる妻と娘に西欧の文化を身につけさせ、外国との社交の場にふさわしい女性に仕立てるためだった。近藤富枝氏の『鹿鳴館貴婦人考』によれば、外交官夫人や芸人をのぞくと、武子と末子の洋行は、日本女性が外国旅行をしたかなり早いケースだという。

事実、鹿鳴館外交花盛りの時期に、武子は外務大臣夫人として内助の功をつくしている。英独仏三ヵ国語の会話ができた娘の末子も、のちに外交官夫人になると、夫以上に外交面で功績をあげたという。このように、当時の日本で随一といえる国際派の妻と娘をもったことは、井上の自慢の種だった。

話が少し戻るが、井上と武子の結婚には面白いエピソードがある。草森紳一氏の『食客風雲録 日本篇』によると、明治の初め、大隈重信の屋敷は「築地梁山泊」と呼ばれ、多数の食客や来客が集まって天下国家を論じていたという。大隈とほぼ同格の官僚だった井上馨も、この梁山泊の食客になっていた時期があり、伊藤博文もよく来ていた。そして、奇人として知られる薩摩の中井弘三（弘）も食客の一人で、その中井の妻だったのが武子である。ただし、彼の本妻は別に薩摩にいたらしい。

しばらくして帰郷を余儀なくされた中井は、生還できない場合を考えて、愛妻の武子に離縁状を書き、彼女を大隈夫妻に託した。ところが、その武子と井上が恋仲になってしまう。大隈は困惑するが、しかたなく二人を結婚させることにした。そこに中井が突然戻ってくる。梁山泊の人々が固唾《かたず》をのんで見守るなかで、事情を知った中井は、意外にもあっさり井上と武子の結婚を認めた。その代わり、女道楽の噂のある井上に、武子を生涯大事にする、という証文を書かせたという。

ちなみに、井上が建設した迎賓館を「鹿鳴館」と命名したのは、漢詩人として「桜洲」の号をもつこの中井だった。「鹿鳴」とは『詩経』に出てくる言葉で、賓客をもてなす詩歌や音楽を「鹿が鳴く」とたとえたものである。

ピエール・ロチが見た鹿鳴館の夜会

大久保利通暗殺後、日本の外交は井上馨と伊藤博文のコンビで担われることになった。外務卿に就任した井上が最初に着手したのが、老朽化した延遼館に代わる外国使節の宿泊施設の建設だった。井上はその設計を、ジョサイア・コンドルに依頼する。コンドルは二十五歳で日本政府に招聘されて来日し、工部大学校造家学科（現在の東京大学工学部建築学科）初代教授に就任した。コンドルは上野博物館、旧ニコライ堂、岩崎男爵本邸など多くの建築物の設計をし、その門下からは東京駅の設計で知られる辰野金吾をはじめ、日本を代表する建築家を多数輩出している。

このとき、コンドルの最初の鹿鳴館設計案に対して、井上は変更を求めた。コンドルは、純西洋式よりオリエンタル趣味の建物のほうが西洋人には喜ばれると考えていたが、井上は西洋人も驚く華麗な洋館を望んでいた。結局、井上の要望を入れて完成した鹿鳴館は、諸様式の折衷による中途半端なものになり、コンドルにとっては不本意だったらしい。

建設地はかつての薩摩藩装束屋敷の跡地で、正門には海鼠壁《なまこかべ》の黒門が転用されていた。建物は二階建てで総建坪四百四十一坪と、それほど巨大ではない。一階には食堂、厨房、配膳室、玉突場、応接室、二階にはダンスホール、集会室、貴賓室のほかに宿泊室もあって、ホテル機能も備えていた。鹿鳴館の着工は一八八〇年で、三年後に井上がホスト役となって開館式が行われている。千二百人余りが集まって落成を祝ったという。

鹿鳴館が完成すると、西洋の社交界にはダンスがつきものだという理由で、早速、ダンスパーティーが催されることになった。だが、肝心のダンスを踊れる日本人がほとんどいない。そこで、翌年から毎日曜日にダンスの練習会が行われることになるが、ダンスを遊びなどとは誰も思わず、みな真剣そのものだった。指導したのは、農商務省に所属するドイツ人教師のヨハネス・ルードウィヒ・ヤルソンである。

当時、鹿鳴館に招かれた外国人が、そこで見た日本女性について率直な感想を記していた。フランスの小説家ピエール・ロチで、彼は『秋の日本』の一篇「江戸の舞踏会」に、一八八五年十一月三日の天長節の夜会の情景を描いている（村上菊一郎・吉氷清訳）。ロチは文中に「一八八六年」と書いているが、彼が実際に参加したのは一八八五年の夜会だ。

彼女たちはかなり正確に踊る。パリ風の服を着たわが日本娘《ニッポンヌ》たちは。しかしそれは教え込まれたもので、少しも個性的な自発性がなく、ただ自動人形のように踊るだけだという感じがする。もしひょっとして奏楽が消えでもしたら、彼女たちを制止して、もう一度最初から出直させねばならない。

また、ある政府高官の妻が元「ゲイシャ」で、いまは社交界で花形の役割を担っていると聞いたロチは、彼女がかなり奇妙な恰好で現れることを予想していた。だが、意外にも「パリに出しても通用するような服装」だとほめている。この女性は、どうも井上馨の妻の武子のことらしい。

余談になるが、ロチの「江戸の舞踏会」を下敷きにした小説が芥川龍之介の『舞踏会』であり、そこで「起こらなかった」事件を描いたのが三島由紀夫の『鹿鳴館』である。山田風太郎もロチの作品を発端に『エドの舞踏会』を書いている。

本格的なフランス料理の晩餐会

鹿鳴館では、ダンスに飽きた人々の胃袋を満たす美味も、決しておろそかにはされていなかった。供された料理や酒について、「江戸の舞踏会」には次の記述がある。

ビゴーの諷刺画　鹿鳴館での外交官の晩餐会（『正月元日』より）。鏡に写った２人の顔から「猿まね」と称される有名な１点（『トバエ』第２次より）

銀の食器類や備えつけのナプキンなどで被われている食卓の上には、松露を添えた肉類、コロッケ、鮭、サンドキッチ、アイスクリームなど、ありとあらゆるものが、れっきとしたパリの舞踏会のように豊富に盛られている。アメリカとニホンの果物は、優美な籠の中にピラミッド型に積み重ねてあり、しかもシャンパン酒は最高級のマークの品である。

グルメの国フランスから来たロチが「シャンパン酒は最高級のマーク」と注目し、料理についても「パリの舞踏会のように」と言っているのだから、間違いはないだろう。鹿鳴館にシェフがいて、軽食のみならず晩餐会用の料理もつくっていたというと、意外に感じられるかもしれない。しかし、前述したように、鹿鳴館には食堂があり、厨房の機能も完備していた。ここで来賓のために用意された料理は、当時の日本における最上クラスのものだったといってもいい。

富田仁氏の『鹿鳴館——擬西洋化の世界』に、鍋島直大《なおひろ》夫妻が出席した一八八五年六月三日のメニューが紹介されている。本格的なフランス料理で、メニューには日本語とフランス語が併記されていた。以下はそのメニューの日本語部分だが、カッコ内にフランス語で書かれている部分を補った。

一　羹汁　四季鳥肉製（四季のポタージュスープ）
一　重焼　重焼鳥肉製入添ル（鶏肉などの詰め物）
一　魚肉　鯛洋品合製蒸焼（鯛のシャンボールソース蒸焼）
一　鳥肉　鶏肉三色冷製寄物（家禽肉のゼリー寄せ）
一　鳥肉　鰕鳥肉洋菌油製（肋肉のビクトリア風）※「菌」はきのこのこと。
一　獣肉　牛脊肉山葵製（牛ヒレ肉のポーランド風）
一　製酒　洋酒菓入氷製（パイナップルのポンチ）
一　獣肉　羊股肉野菜合製（羊腿肉のハンガリー風）
一　鳥肉　鶉蒸焼洋菜（鶉のロースト、サラダ）
一　蔬菜　薊実赤茄子製（西洋薊のプロバンス風）
一　製菓　菓入蒸製（プラム・プディング）
一　製菓　二種合氷製（デザート盛り合わせ）

井上馨は、料理の面でも、日本が欧米諸国に負けない水準にあることを示そうとしたに違いない。この夜会のメニューはスープ、ポアソン（魚料理）、アントレ（数種類の肉料理)、口直しのポンチ、ロティ(肉の蒸し焼き料理)、デザートというフルコースである。とりわけ、肉料理のボリュームには圧倒される。現在では、宮中の正式な晩餐会の場合でも、アントレかロティのどちらかは省略されるのが普通だ。

明治初期には、外国人居留地である横浜の異人館の厨房で多くの日本人が働いていた。彼らの目的は、西洋料理や西洋菓子をつくる技術を外国人から学ぶことにあった。鹿鳴館の料理長だった藤田源吉という人物も、おそらく、そうした進取の気概に富んだ若者の一人だったのだろう。当時の東京で、本格的なフランス料理を出すレストランは、上野の精養軒などわずかだったが、鹿鳴館に続いて、すぐ隣には帝国ホテルができ、西洋料理のレストランも次第に増えていった。

わずか四年で終焉した鹿鳴館時代

明治初期、鹿鳴館ではこのように、ダンスと音楽と美食の饗宴が繰り広げられていた。井上馨は、日本の生活習慣から教育、宗教、都市景観にいたるまで、あらゆるものを急速に西欧化しようとした。その結果はどうなったか。残念ながら、最大の目的だった諸外国との条約改正交渉は、惨憺《さんたん》たる失敗に終わる。

当時、日本で外国人が罪を犯しても有罪にできないことへの国民の不満は増大していた。条約改正を急いだ井上は、もっとも強硬な姿勢だったイギリスに対して、「内地雑居」と、外国人の裁判を「外国人裁判官」に任せるという二つの案を出す。ただし、前者に対しては新聞各紙が、雑居を認めれば外国人が国内に際限なく入り込んでくる、と書きたてて民衆の不安を煽った。後者には、フランス人の法律顧問ボアソナードが、主権を放棄するものだと主張して反対した。だが、井上は強引に自分の案を押し通そうとする。

内閣の内部でも、外国人裁判官制度の問題点に気づいた農商務大臣の谷干城《たてき》などが、辞職して改正案への反対運動の先頭に立ち、民衆から大喝采を浴びた。対照的に、井上は「売国奴」と罵倒され、彼がそれまで推し進めてきた近代化への不満は、欧化政策のシンボルだった鹿鳴館に対する反感にもつながっていく。

一八八七（明治二十）年七月、ついに条約改正会議は無期延期となり、井上の改正案は事実上廃案に追い込まれた。井上は外相を辞職し、鹿鳴館時代もここに終焉する。鹿鳴館が完成してから、わずか四年の短い期間だった。

その二年前に日本初の総理大臣に就任していた伊藤博文も、一八八七年四月に開催した錚々《そうそう》たる面々による一大仮装舞踏会が「亡国の徴《しるし》」だと新聞などで激しく糾弾される。この仮装舞踏会を「鹿鳴館で行われた」と誤記するものもあるが、会場は首相官邸である。夜九時から明け方四時まで続いた乱痴気騒ぎが大きく報じられ、非難の的になったのだった。翌年、伊藤も辞任に追い込まれ、日本初の内閣は倒れた。

　井上馨の外相辞任で、政府からも見捨てられた形になった鹿鳴館は、その後どんな運命をたどったのだろうか。しばらく舞踏会は中止されていたが、井上の後に外相となった大隈重信・綾子夫妻の主催で、一八八八年に天長節の夜会が開催された。だが、綾子は井上の妻の武子とは違い、ダンスも洋装も嫌いだったので、和服姿で参加している。それを見習ったのか、和装の女性が目立つようになり、鹿鳴館でダンスを踊る日本人はわずかにすぎず、外国人がほとんどになった。

　その後、鹿鳴館は無用の長物とみなされて、一八九〇年からは華族会館が借用することが決定した。一八九八年には完全に「鹿鳴館」の名称が消え、華族会館として生まれ変わる。一九四一年には、老朽化によって建物も取り壊された。

　ところで、鹿鳴館に集まった人々は、ダンスに明け暮れていただけではない。皇族や上流婦人の慈善バザーも鹿鳴館の重要な催しで、その後の慈善事業の前例になった。また、井上が組織した東京倶楽部という英国流の社交クラブは、鹿鳴館をクラブハウスにしていたが、鹿鳴館がなくなった後も、新橋、霞が関に移転して活動を続けており、現在は六本木にある。東京倶楽部の名誉総裁には皇族が就任し、政府や財界の重鎮が会員になり、倶楽部内では英語のみが使用されていた。

このように、鹿鳴館外交では苦い挫折を味わった井上だが、日本に〝社交界〟を創った功績は評価されるべきだろう。井上は幕末の英国体験で、夫人同伴が社交界には必要だと知り、二度目の外遊に妻と娘を伴った。鹿鳴館でのパーティーは夫妻連名で開催し、天皇と皇后にさえ男女同権を求めたという。恥ずべき過去のように葬られている鹿鳴館時代だが、女性の地位が変わり始めるきっかけになったことは否定できない。

財閥や富豪と密着して私腹を肥やした、政治倫理に欠けるなど、井上馨への批判は多い。けれども、改めてふり返ってみると、鹿鳴館をつくった彼の発想には、〝擬西洋化〟とのみでは片づけられないものがたしかにあった、と思えてくるのである。

第五章　怪物的な政商と帝国ホテルの料理
――大倉喜八郎

「死の商人」と呼ばれた風雲児

大倉喜八郎について書こうとすると、困惑せずにはいられなくなる。岩崎弥太郎、安田善次郎、藤田伝三郎、浅野総一郎など、「明治の政商」といわれる人々のなかでも、ひときわ目立つ存在だったのが、この大倉喜八郎である。天保生まれで、昭和まで九十歳の長寿を全うした大倉の名は、全国に鳴り響いていたが、毀誉褒貶も極端だった。

二十歳で開業した乾物商から次々に事業を興し、維新前後の動乱期に巨額の財を成した大倉は、「今太閤」とも呼ばれた。日本初の私立美術館を創設したことや、大倉商業学校（現在の東京経済大学）の創立者としても知られている。だが、その反面、「死の商人」「戦争男爵」とも評されている。

大倉が生前に手がけた事業は大小三百にものぼり、その全貌をつかむだけでも難しい。派手好きで自己顕示欲が強い大倉は、向島に建てた別荘で政府要人を接待して、せっせと人脈づくりに励んだ。また、自分の古希や米寿の節目ごとに盛大な祝宴を開き、政財界の名士を招いて大盤振る舞いをした。

九十歳で没する前年まで息子（大倉喜七郎）に家督を譲ろうとせず、大倉財閥のトップとして君臨し続けた事実にも驚かずにはいられない。しかも、本妻のほかに、孫ほど年が離れた妾を向島の別荘に住まわせて、八十歳を過ぎてから二人の息子を生ませている。その猛烈な事業欲と精力絶倫ぶりには、周囲の人々も唖然としたという。

大倉喜八郎

戊辰戦争で武器商人としてのし上がった大倉は、一八七二（明治五）年、欧米諸国の商工業視察のために、通訳を同伴して旅立つ。たまたまロンドン滞在中に出会ったのが、岩倉具視岩倉使節団の一行だった。このとき、岩倉具視や大久保利通や伊藤博文などの知遇を得たのをきっかけに、大倉は「政商」の道を歩むことになる。戊辰戦争後も台湾出兵、西南戦争、日清戦争と続き、政府は大倉の力を必要としたのだった。

そのため、戦争のたびに武器を売って私腹を肥やした、というダーティな評判が、大倉には生涯ついてまわる。とくに、日清戦争で起こった「石ころ缶詰事件」が、大倉が仕組んだように新聞で報道され、世間を騒がせた。山中四郎氏の『日本缶詰史第一巻』には、「明治、大正の豪商大倉喜八郎が、日清戦争当時軍へ石のかん詰を納めたといわれ、もちろんこれは誤伝だが、あたかも大倉喜八郎が悪徳商人の代表のように世人からうわさされた」という記述がある。その犯人と決めつけられたのも、大倉の「死の商人」のイメージと、派手な振る舞いへの反発が原因だった。

日露戦争の際にも、木下尚江が非戦小説『火の柱』のなかに大倉をモデルにした奸商・大洞利八を登場させたことで、石ころ缶詰事件の風説が蒸し返されている。大倉がいっさい弁明をしなかったことが、人々に噂を信じ込ませることになったらしい。

他人が何を言おうが、己の信じる道を突き進むのみ、という大胆不敵さが大倉喜八郎にはあった。それが良い形で表れたのが、帝国ホテルとの関係だったといえるだろう。

最強コンビで完成させたホテル

帝国ホテルの生みの親は、前章の鹿鳴館と同じく井上馨である。井上は外国使節のための迎賓館として一八八三（明治十六）年に鹿鳴館をつくった。批判も浴びたが、外賓の接待に慣れるという意味で、鹿鳴館のはたした役割は大きかった。

その路線上に浮上してきたのが、本格的な西欧式ホテルの建設構想だった。当時の東京には精養軒ホテル、東京ホテル、メトロポールホテル、横浜にはグランドホテルとオリエンタルパレスホテルが外国人向けのホテルとして存在していた。しかし、これらも欧米のホテルと比較すると中級以下とみなされるもので、客室数は二十室前後にすぎなかった。井上は、帝都東京にふさわしいホテルが必要だと考えたのである。

その井上は、鹿鳴館竣工の四年後に、条約改正問題の失敗が原因で下野してしまうが、彼からホテル建設構想を聞いていたのが、渋沢栄一と大倉喜八郎だった。この二人を中心に、帝国ホテル建設計画は実現に向けて動き出す。渋沢栄一は大倉より三つ年下だが、近代日本の実業界における首領ともいうべき存在である。帝国ホテル建設計画は、カリスマ性のある渋沢と、ブルドーザーのように猛進する大倉という〝最強コンビ〟を得たことで成功した、といってもいい。

大倉の大倉組商会（後に日本土木会社、現在の大成建設）は、鹿鳴館の建設にもかかわっていた。『大成建設社史』によれば、一八八四年に二度目の外遊から戻った大倉は、欧米で宿泊したようなホテルが日本にないことを、非常に残念がっていたという。

一八八七年十一月、発起人総代として大倉と渋沢両名の名で東京府知事宛に「会社創立御願」が出された。当初は「東京ホテル」で届け出たが、すでに日比谷に同名のホテルがあったため、「帝国ホテル」と改称された。

朝倉治彦・稲村徹元編『明治世相編年辞典』の一八八八年の項に「帝国の語流行す」という記述がある。帝国大学、帝国水産会社、『帝国の柱』（雑誌）などと使用され、人力車夫を「帝国車夫」、掃除屋は「帝国掃除屋」と桶に大書きするまでになったという。「帝国ホテル」の名称も別会社が先に登録していたのだが、渋沢と大倉が強引に「帝国ホテル」で押し通してしまったらしい。

帝国ホテルが開業したのは一八九〇（明治二十三）年十一月。施工を請け負ったのは大倉の日本土木会社、設計したのはジョサイア・コンドルの教え子である渡辺譲だった。本館は洋式三階建てで、六十の客室のほかに朝飯室、舞踏室、新聞縦覧所、談話室、奏楽室、喫煙室、玉突場などを備えていた。一千三百坪という建坪は、鹿鳴館の約三倍に相当する。ちなみに、現在の帝国ホテルの客室数は九百三十一室である。

こうして十九世紀末から二十一世紀の今日まで、東京・日比谷の緑豊かな一角に、帝国ホテルがそびえることになった。

初代の帝国ホテル

日本で最高級の料理を用意

開業以来、帝国ホテルの食事は、もちろん正統フランス料理だった。『帝国ホテル百年史』には、「初代の吉川料理長から7代高木料理長までの記録が社内に乏しく、詳細は不明」とあり、初代料理長を「吉川某」と記しているが、作家の小島政二郎の「秋風の鳴る鈴」(『小説新潮』一九六五年十一月号掲載)のなかに、「帝国ホテルに、吉川兼吉というシエフがいて別格」と書かれている部分があった。それによると、吉川兼吉は「横浜の二十番で西洋人に仕込まれた日本人コックの元締格」で、当時、名人として通っていたという。「横浜の二十番」とは横浜の外国人居留地の地番で、二十番にあったのは有名なグランドホテルである。

この「秋風の鳴る鈴」は、凮月堂をモデルに書かれた連作小説の一篇だが、人物が実名で登場していることから見て、史実に基づいて書かれていると考えてもよさそうだ。

その吉川が腕をふるったと思われる晩餐メニューが残っていた。帝国ホテル開業から一ヵ月後の一八九〇年十二月八日のものである。メニューのフランス語の部分は省略した。また、カッコ内の注は『帝国ホテル百年史』編者の付記による。

牛　ソップ　アロゼイユ（西洋すかんぽのクリームスープ）
鱸　ソース　ヲ　ウイトル（鱸のボイル牡蠣クリームソース添え）
雉子　ヲ　シュ（きじのローストキャベツの蒸煮添え）
犢肉　ソース　ピカン（仔牛の背肉黄金焼、ピカントソース添え）
野菜　アリコー　ベル（サヤインゲン）
小鴨　ロッチー　ヲ　クレソン（小鴨蒸焼クレソン添え）
菓子　プダン　ドイプロマット（果実入りプディング、

チイ　トヲス　　チーズトースト）

最初の西洋すかんぽのスープは、鮮緑色のポタージュスープ。スズキは地中海で獲れ、フランス料理にもよく登場する魚だ。キジも日本料理の食材のように思えるが、フランスでも狩猟鳥として知られ、よく食されている。その後、さらに肉料理が二種類出て、最後はデザートである。

当時の帝国ホテルの料金は、一日の室料と食事代合計で二円七十五銭から九円だった。巡査の初任給が八円、一般の旅籠《はたご》が一泊二食付きで二十銭〜五十銭程度だったことを考えても、庶民にはとうてい手の届くものではなかった。

開業からライト館新設まで続いた経営難

帝国ホテルが想定していた利用客は、外国人や日本の上流階級の人々だった。外賓としては、一八九一年にフランス大統領子息、一八九三年にポルトガル公使、オーストリア皇甥、一八九五年にイタリア皇族などが来泊している。開業した一八九〇年は、帝国議会が開設された年だったため、当初は、地方から上京する議員の利用も考えられていた。だが、交通費だけでも負担が大きいことから、宿泊にはもっと安い借家が使われたらしい。
『東京百年史 第三巻』には、「帝国ホテルの利用者は、来日した富裕外国人や在京の富豪商などが多く、いわば当時の上流会社《ママ》の社交機関として利用され、井上馨や伊藤博文などは洋食好みで、三日にあげずホテルにやってきて洋食を嗜み、成金が七、八人の芸者を引きつれて晩餐などを催し」たという記述がある。伊藤博文は議会の開会中、帝国ホテルを定宿にしていたらしい。また、大倉喜八郎もよく人を連れてきて、ここで食事をふるまっていたという。

だが、開業から十数年は客が入らず、帝国ホテルにとって長い試練の時期が続くことになった。一八九四年二月七日の『時事新報』は、「春の花秋の紅葉の折と違ひ、目下府下の西洋旅館は一体に霜枯れの色あり、内山下町帝国ホテルの如き六十余の間数ある大ホテルすら、僅《わずか》に六組ほどの宿客あるのみ」と閑古鳥が鳴いている様子を報じている。宿泊客がたったの六組とは驚くが、『帝国ホテル百年史』によれば、一八九四年下半期の宿泊客はなんと平均一日三・五人だったそうだ。日清戦争の影響もあったのだろうが、これでは大赤字になるのも当然である。

しかし、ビジネスとしての損得を考えるより先に、このホテルは日本にとってなくてはならないもの、という強い信念が大倉にはあった。そのため、彼はこの苦境に耐え続けた。

外国からの旅行者が増えて、ようやく業績が好転する兆しを見せたのは、日露戦争で日本が戦勝国となった後である。だが、メトロポールホテルを合併したことで、帝国ホテルは再び業績不振に陥り、取締役会長だった渋沢栄一は一九〇九（明治四十二）年に辞任し、代わって大倉がトップの座につく。

創業以来、帝国ホテルの筆頭株主は宮内省内蔵頭《くらのかみ》名義になっていたが、このとき、大倉の持ち分が初めて第二位になった。帝国ホテルはもともと、国賓を迎えるのにふさわしいホテルとして、いわば国策でつくられたものだったが、このころには、大倉財閥の傘下企業のように見られるようになっている。

大正時代に入ると、次第に宿泊客の数も増加して六十室では収容しきれなくなり、設備も旧式になってきた。そこで、隣地に新館を建設する構想が浮上する。このとき選ばれたのが、アメリカの建築家フランク・ロイド・ライトだった。帝国ホテルの旧ライト館は、大谷石を使った独得の外観や、関東大震災でも倒壊しなかったことなどで、いまでもよく知られている。

だが、『帝国ホテル百年史』によれば、この工事は災厄の連続だったという。途中で二度も別館と本館で火事が発生した上、工期の遅れと工費の膨張がホテルの経営を

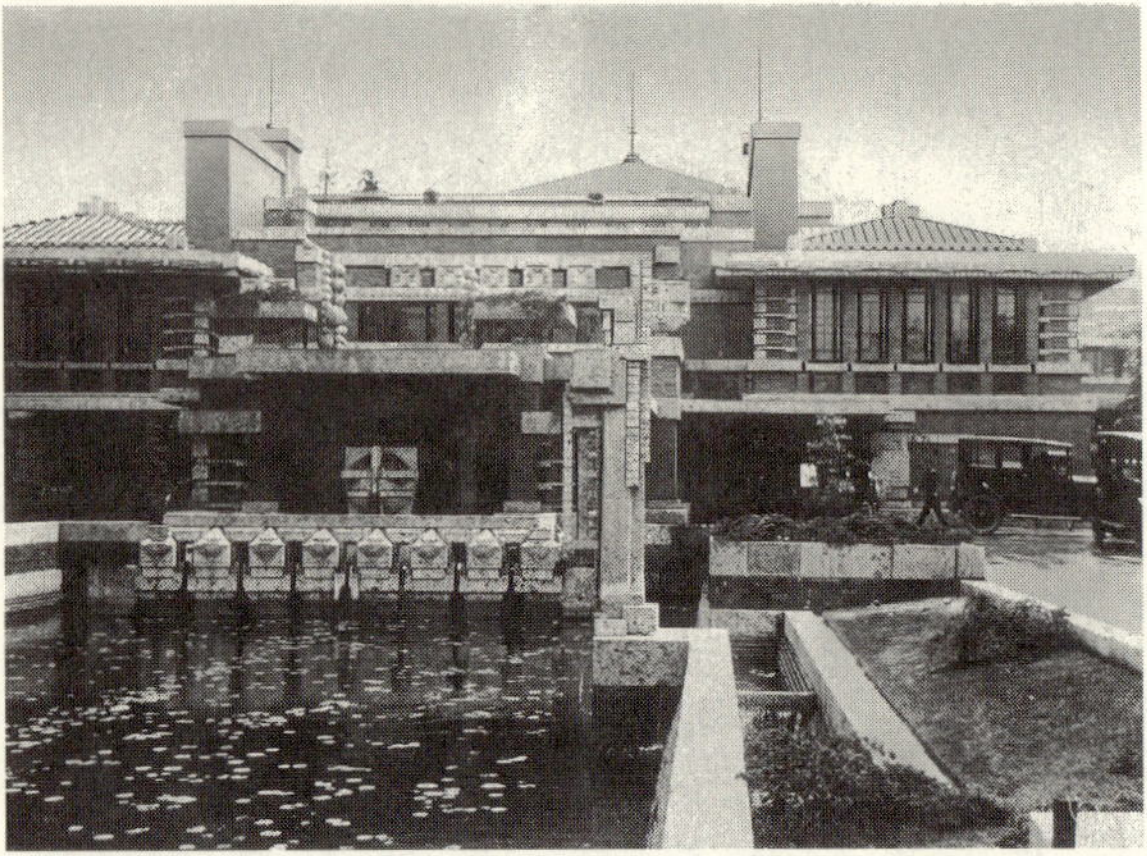
帝国ホテルライト館

圧迫することになり、ライトと帝国ホテル経営陣との関係は険悪になる。ついに、ライトは新館の完成を見ずして、工事の途中で帰国してしまう。

だが、この最大の危機も大倉は乗り切った。国のためにも、彼は帝国ホテルを倒産させるわけにはいかなかったのだろう。同時に、そのトップの地位に伴う名誉も手放すつもりはなかった。一九二二年に、息子の喜七郎が帝国ホテル会長に就任するまで、大倉は同社の実権を握り続けている。そのとき八十四歳だったのだから、やはり〝怪物〟である。

一流シェフによる贅沢な出張料理

ここから先は、少々きな臭い話にな

る。最初に述べたように、大倉は向島に別荘を建てて、政財界の人々の接待の場として使っていた。約三千七百坪の敷地には、大名屋敷を移築した巨大な木造の旧館と、明治末期に完成した洋式の新館があった。大倉はここで、政府要人と一対一で密談をすることもあれば、数百人もの客を招待して、盛大な園遊会を開くこともあった。

大倉雄二氏の『鯰——元祖〝成り金〟大倉喜八郎の混沌たる一生』によれば、来日した孫文とその一党がこの向島別荘に出入りして、同志と中国革命の戦略を練っていたこともあるという。大倉雄二氏は、前述した大倉喜八郎が八十一歳のときに生まれた息子で、当時、母親と一緒に向島別荘に住んでいた。

別荘には和食専門のお抱え料理人もいたが、大勢の来客を招待して西洋料理で饗応する場合には、大倉はわざわざ帝国ホテルから大勢のコックを出張させた。格式が高い帝国ホテルからは、大倉家以外に出張することはなかったそうだ。

向島別荘は、大富豪・大倉喜八郎の財力を見せつけるための〝レセプションルーム〟だった。その効果を上げるために、大倉は十人足らずの客でも、超一流ホテルのシェフがつくった芸術品のような料理でもてなすのである。出張してきたシェフの人数のほうが、客より多いことさえあったらしい。給仕するのは帝国ホテルのボーイたちであり、食器はすべて大倉家の紋章が入った特注品、ナイフやフォーク類は、象牙の柄に家紋を刻んだ銀製のものが使われていたという。

この別荘には時の首相や大臣が招かれることも多く、極秘の取引の話が持ち出されることもしばしばで、伊藤博文は常連だったようだ。陸海軍に軍需品を供給する会社を経営する大倉が、政治家と深くかかわっていくのは必然だった。

日露戦争の最中にも、大倉は派手な宴会を開いている。一九〇四年九月十四日付『都新聞』に次の記事があった。

去る十日の夕がた向島堤を北へ威勢よげに走り行く一むれの人力車あり、(中略)頓《やが》て車は大倉別荘の門を入りぬ、扨《さて》こそ例の喜八大尽の催し立にては此の夜の来客は誰れなるべきと吾が社の探訪子が千里眼にて透し見れば、上席は伊藤博文侯、次いで伊東巳代治男、大岡育造、石黒忠悳《ただのり》、尚も今度韓国顧問として出張すべき目賀田種太郎を加へられたるにて、此の催しの意味は言はずとも知られたれ、(中略)此の戦争なかば呑気な沙汰と言はゞ言へ、海老のやうな赤ひ蹴出しで朝鮮の大鯛を釣る喜八殿の胸算用こそ逞ましくも抜目なしや。

日露の講和が成立するのは一九〇五年八月末だが、大倉は早くもその一年前に、の

向島の別荘、藏春閣（岩﨑和雄氏提供）

ちに韓国初代統監になる伊藤博文や、韓国財政顧問として活躍する目賀田種太郎を饗応していたことになる。大倉はすでに朝鮮でソウル・釜山間の京釜鉄道をはじめ、日露戦争中にも軍用軽便鉄道などの工事を請け負っていたが、「朝鮮の大鯛」とはまさに朝鮮半島における巨大な利権を想像させる。

旅順が開城した一九〇五年一月には、大倉は満州視察を思い立ち、旅順に入って二百三高地を慰問した。こうした彼の行動力は、まだ勝敗さえ決まっていない戦場の利権を漁りにいった、と競争相手たちを恐れさせたという。

その後、大倉は日露戦争で儲けた金を中国大陸へ大胆に投資し、一九一〇年には民間初の日中合弁による製鉄所を設立する。辛亥革命によって、一九一二年に南京に成立した孫文の臨時政府から資金調達の依頼が来ると、三百万円を調達した。この金額はいまの価値に換算すると、おそらく約千倍の三十億円かそれ以上に相当するだろう。さらに、袁世凱《えんせいがい》が謀叛を起こして清朝を崩壊させ、孫文の南京臨時政府もつぶすと見るや、今度は袁世凱を表敬訪問する。商売につながれば、どんな相手とでも組むつもりだったように見える。

だが、そんな彼にも意外なエピソードが残っている。大倉は一九一〇年にも満州を旅しているが、その目的は、満州の鉄道建設の要となるべき哈爾賓《ハルビン》を視察することだった。このとき、哈爾賓のホテルで食べたパンの美味しさに驚いた大倉は、そのパンを焼いた職人を帝国ホテルにスカウトしたのである。

大倉が出会ったのは、イワン・サゴヤンという伝説のパン職人だった。アルメニア出身のサゴヤンは、ロマノフ王朝のパンづくりの技法を受け継ぐ腕利きの職人だったが、アルメニア人迫害の難を逃れて哈爾賓に移住していた。大倉の熱意に動かされたサゴヤンは、ついに日本に渡る決意をする。

サゴヤンが焼くパンは、発酵種にイーストではなく、ビールの原料になるホップを使うのが特徴だった。扱いが難しいホップや材料の配合やこね具合や焼きの温度を、サゴヤンはその日の気温などから、天才的な勘で決めて焼いていた。彼はその後、帝国ホテルで十六年間パンを焼き、その技術を日本に伝えた。

ちなみに、東嶋和子氏の『メロンパンの真実』によれば、来日したサゴヤンが焼いたガレットと呼ばれるフランスのパンが、現在の日本のメロンパンのルーツになった、という説もあるという。

一代で巨額の富を築いて〝怪物〟と称された大倉喜八郎は、一九二八年、満九十歳で波瀾の人生を終えた。そして、大倉家とは関係がなくなったいまでも、帝国ホテルの厨房では、サゴヤンの秘伝を受け継ぐパンが焼かれている。

第六章　大津事件とロシア軍艦での午餐会
――ニコライ皇太子

十九世紀末の日本を震撼させた大事件

　JR大津駅から琵琶湖方向へ五分ほど歩くと細い道に出る。いまでは車も通行人も少ないこの通りは旧東海道で、京都に直結することから「京町通」と呼ばれてきた。その京町通に面した大津市京町二丁目（旧・大津町大字下小唐崎《しもこがらさき》町）の一角に、高さ一メートル余りの石碑がぽつんと立っている。ほとんどの人は気づかずに通り過ぎてしまうのではないかと思うほど、簡素で目立たない碑である。

「此附近露国皇太子遭難之地」という文字が彫られたこの碑は、一八九一（明治二十四）年五月十一日のロシア皇太子襲撃事件、いわゆる大津事件を記念して建立されたものだ。その日、日本を来遊中のロシア皇太子ニコライ・アレクサンドロヴィッチが大津から京都へ向かう途中、巡査の津田三蔵にサーベルで斬りつけられて負傷する。その襲撃現場が、この記念碑の立っている場所から数メートルの地点だった。

事件が全国に報じられると、ロシアは必ず報復してくるに違いない、日本は滅びるのではないか、と人々は恐怖におののいた。時の松方正義内閣も、いまにもロシアの艦隊が襲ってくるかのように狼狽し、皇室に対する大逆罪を強引に適用することで犯人の津田三蔵を死刑に処すべく、裁判に介入する。

ニコライの傷は骨に達するほどだったが、幸い、生命に別状はなかった。日本政府はこの不祥事をロシアに謝罪し、ニコライに予定通り日本の旅を続けてもらおうと全力を注ぐ。

ニコライ皇太子

このニコライ来日から帰国に至るまでの外交的処理の過程を、大津事件の「第一幕」とすると、帰国後の津田三蔵の裁判をめぐる司法的・政治的処理の過程が「第二幕」といえるだろう。一般に、大津事件の〝主役〟とされているのは、この第二幕で政府の介入に抵抗し、命がけで法を遵守した大審院長の児島惟《い》謙《けん》である。大逆罪が適用される対象は日本の皇室に限定され、外国の王族が含まれないことは法の条文からも明白だったからだ。司法権の独立を守った児島は「護法の神」と称えられ、津田は死刑を免れて無期懲役となる。大津事件について書かれた本の多くも、第二幕にウエイトを置いている。

だが、ここでは第二幕にはあえて触れず、事件の第一幕の主役というべきニコライを中心に、そこに登場する饗応のエピソードから、事件の別の側面を探ってみたい。

その後のニコライの人生を思うとき、大津事件は、彼の不吉な未来のプロローグのようにも思えてくる。ニコライは、三百年続いたロマノフ朝の「最後のロシア皇帝」として、歴史にその名を残すことになるのである。

大国の皇太子として初めて来日

ニコライは一八六八年、日本で明治維新が起こった年に生まれている。祖父であるロシア皇帝アレクサンドル二世がテロ組織の手で暗殺されたため、十二歳のときに父アレクサンドル三世が即位し、そのときからニコライは皇太子となった。

父のアレクサンドル三世が巨人で並外れた力の持ち主だったのとは対照的に、ニコライは中肉中背で、人々に与える印象が薄い内向的な少年だった。母親思いで、いわゆる〝マザコン〟だったらしい。アレクサンドル三世は、息子が二十歳近くになっても子供扱いし、帝王学を学ばせようとしなかった。

とはいえ、社交の面での教育は完璧で、ニコライは誰に対しても愛想がよく、人々に好かれた。また、ダンスとスケートと乗馬の名手で、英・独・仏語を流暢に話すことができ、優柔不断だが心優しい青年だった。若者らしく、社交生活に夢中だったせいで、彼の余暇の大半は気晴らしのために費やされ、教養を高める目的には使われなかったらしい。

それ以外に、彼は近衛騎兵司令部で軍事演習の義務も果たしていたが、「おいしいものがふんだんに出される楽しい夕食会に出て、その後、ビリヤードやカードやドミノといったゲーム遊びをする喜び」についても、母親への手紙に書いている。

一八九〇年、アレクサンドル三世は息子を極東巡遊の長い旅に送り出す。二十二歳の若きプリンスに、少しはロシアの周囲の世界に関心を抱かせることも必要だ、と考えたのだろう。同年十一月にロシアを出発したニコライは、ウィーン、ギリシャ、エジプト、インド、セイロン（現在のスリランカ）、東インド諸島、タイ、香港、広東などを経由して、翌年四月に日本の長崎に到着した。旅の最後にはウラジオストックへ向かい、シベリア鉄道の起工式に臨席して帰還する予定だった。

この大旅行の目的地に、ヨーロッパではなく極東が選ばれた理由は、極東こそが当時、世界の二大帝国である露・英が勢力を競い合っていた地域だったからである。だが、はたしてニコライはそうした国際情勢を把握していたのだろうか。保田孝一氏の『最後のロシア皇帝　ニコライ二世の日記』によれば、ニコライは十四歳からずっと日記をつけていたが、そこには日本や清国に関心を示すような記述はほとんどないという。唯一、ニコライが艦内で読んだ日本に関する本は、ピエール・ロチの小説『お菊さん』で、彼は「ゲイシャ」に強い好奇心を抱いたらしい。

このように、ニコライの方では私的な遊覧旅行として来日したのに対し、日本側は彼をどう遇するべきかで大騒ぎになった。というのも、ヨーロッパの皇族はすでに何人も来日していたものの、大国の皇太子の来日はニコライが初めてだったからだ。極東の弱小国にすぎない日本は、世界一の陸軍を擁するロシアの機嫌を損ねるわけにはいかない。そのため、ニコライは国賓として迎えられることになり、長崎から神戸・京都を経由して上京し、東北地方までの各地を遊覧する約一ヵ月の旅程が計画された。東京では、天皇や皇族が総出で、ニコライ歓迎のための晩餐会や各種の催しの準備を進めた。

もし、大津事件が起こらなければ、おそらく、近代日本における最高ランクの饗応メニューをここで紹介できたに違いない。だが、ニコライの旅行は不慮の事件のために一週間で打ち切られ、その歓迎準備の大半は無駄になってしまった。

刺青を彫り、芸妓遊びを満喫する

当時の日本人の多くは、ロシアに対して畏怖と反感が混ざり合った複雑な感情を抱いていた。以前から日露間には樺太や千島列島をめぐる領土問題があり、今回のニコライの極東訪問の目的であるシベリア鉄道起工式は、ロシア帝国の膨張主義と南下政策の表れで、近い将来、必ず朝鮮半島まで触手を伸ばしてくるだろう、という見方もあった。ニコライ来日の真の目的は日本の国情視察、すなわち軍事偵察だと憤慨して、不穏な挙動を見せた者たちもいて、警察の取り調べを受けている。

それればかりか、ニコライの来日に先だってさまざまな流言蜚語《ひご》がとびかった。なかでも滑稽だったのは、西南戦争で死んだはずの西郷隆盛がロシアに生存していて、ニコライとともに帰国するという噂である。この風聞は各新聞で取り上げられて日本中に広まり、ついには、明治天皇がそれを耳にして、西郷が帰国すれば西南戦争の功労者から勲章を取り上げることになるだろうと述べた、という記事まで掲載された。

実は、犯人の津田三蔵は二十二歳で西南戦争に従軍して勲七等を受けている。大津事件のとき三十六歳だった津田は犯行動機について、ニコライの来訪を日本の偵察だと信じたことや、来日するなら最初に東京へ行って天皇に挨拶すべきだ、などと供述しているものの、曖昧な点も多い。ただ、津田は西郷隆盛が生還するという噂を本気で信じていた節があり、この噂が事件の遠因になったとも考えられる。

一方、そんな噂のことなど知るよしもないニコライは、七隻の軍艦を率いて長崎港に到着した。田岡良一氏の『大津事件の再評価』によれば、ニコライが乗るパーミャート・アゾヴァ号(以下アゾヴァ号と略)は六千トンの装甲巡洋艦で、随行艦もほとんどが鋼製だったという。迎える日本の軍艦といえば、鋼製は五隻中一隻のみで、二隻は小さな木造艦である。この七隻のロシア艦隊が、人々の恐怖心をいっそうあおったのは間違いない。アゾヴァ号には、ギリシャ国王の第二王子でニコライの親戚である二十一歳のゲオルギオス王子も同乗していた。

前述したピエール・ロチの『お菊さん』の舞台である長崎は、ロシアとの関係が深く、ロシア人が多く住む土地でもあった。ニコライはゲオルギオスとともに、公式訪問の前に長崎をおしのびで歩き回り、買い物などを楽しんでいる。また、刺青《いれずみ》を入れるために刺青師の斡旋を依頼したが、これも『お菊さん』を読んで、ロチが長崎で刺青を入れたのを知っていたからだろう。日本では当時、刺青を野蛮な風習とみなして禁止令が出ていたため、県は対応に苦慮したが、希望通り、刺青師二人が艦内に派遣されることになり、ニコライは龍の図案を選んで彫らせている。

ニコライが長崎に公式に上陸したのは五月四日である。野村義文氏の『大津事件』によれば、知事官邸で行われたこの日の午餐会のメニューは次のようなものだった。最初にロシアのザクースカと呼ばれる前菜が立食で用意され、続いて本格的な日本料理が供されている（料理のなかには不詳のものがあるが、原文のまま引用。記載の形式は変更した）。

御膳部

［剣橘］霜フリ鯛、肢白髪、胡瓜、山葵《わさび》

［御坪］鴨蒲鉾、葉付大根、水松

［御平］鶏、薯蕷《しよよ》、銀杏、牛蒡《ごぼう》、木耳《きくらげ》

［御汁］鶏汁、合鴨造り、夏豆、小口萱竹

［鳥台］杉、貝類、高砂人形

二の御膳

［須浜台］鶴、昆布、旭の出蒲鉾、松

［二の御汁］鮑《あわび》スップ

［二の御平］山吹鯛、篠芋、見れ菜
［三の御坪］雲雀《ひばり》、花柚子《ゆず》
［青目籠］姫小鯛、筑波根蒲鉾、宮城野、蓬菜《よもぎ》
［鳥台］国旗
［引落し］卯の花鯛、海フン
［御湯］口取、薄茶
［吸物］海老、ソーメン、枝ワラビ
［小箱］ウナギ、フクメ
［皿引］鯛糸造り、菊大根、浜松、ショーガ
［大坪］鯨、ミョーガ
［梅椀］黄身ヨウカン、白玉
［硯蓋《すずりぶた》］芙蓉玉子、金花羹、砧海老、菊慈姑《くわい》、岩耳、鶏雛照焼、一松羹、黒慈姑、藤形
［大鉢］直美須鯛

長崎県知事は報告書で、初めての日本食を賞味したニコライが「深く御喜悦あらせ

られ」たと述べているが、ニコライの日記には「すべては驚くほど清潔で、食欲をそそられたが、昼食はおいしくなかった。座布団に座るのは恐ろしく不便で、膝が痛かった」と書かれている。

さらに日記によれば、ニコライはゲオルギオスとともに、その夜ひそかに稲佐に上陸して丸山芸妓を呼び、深夜に帰艦したらしい。このとき、お栄という女性が彼の寵愛を受けたという話があるが、日記にはその記述はない。県知事もさすがに、お栄を取り調べて真相を明らかにすることまではしなかったらしく、報告書には何も書かれていなかった。

長崎で大歓迎を受けたニコライは、次に鹿児島に立ち寄った。旧藩主の島津家で、藩政時代の日本料理の饗応を受けたニコライは、日記に「ロシアでも、いつでもこういう夕食をとりたいものだ」と好意的に書いている。さらに、「娘たちは全く美しかった」と讃美することも忘れていない。

浮き足立つ内閣と天皇の決意

ニコライの一行は五月九日に神戸に上陸し、汽車で京都へ向かった。京都で宿泊したのは新築の常盤ホテルで、洋式と和式の部屋の両方が用意されていたが、ニコライは和室を選んでいる。早速、ニコライとゲオルギオスはその夜、おしのびで祇園の中村楼へ行って舞妓たちを呼び、帰館したのは午前二時ごろだったという。翌十日の夜もニコライは茶屋に出かけ、「芸者の踊りはすばらしかった」と日記に書いている。

そして、運命の五月十一日。その日の早朝、ニコライ一行は京都を発ち、琵琶湖や三井寺を観光した。京都への帰途、歓迎の群衆でごった返す京町通で警備をしていた巡査の津田三蔵が、一時五十分ごろ、サーベルを抜いて突然ニコライに襲いかかる。津田はニコライのこめかみに二度斬りつけ、逃げる彼をさらに追った。

だが、変事に気づいたゲオルギオスが、土産に買っていた竹杖で津田を乱打した。ひるんだ津田の両足を人力車夫の向畑治三郎《むこうはたじさぶろう》がつかまえて引き倒し、別の人力車夫の北賀市市太郎《きたがいちいちたろう》が、落ちたサーベルを拾って津田に斬りつけた。ちなみに、この人力車夫二人はその後、ニコライの命の恩人として、多額の年金をロシアから受け取っている。

その時点で、ようやく駆けつけた巡査たちが津田を捕縛した。現場は大混乱に陥ったが、ニコライは比較的落ち着いていて、日記にも事件の経過を冷静に書いている。

県知事からの至急電報で、事件の知らせは約一時間後には東京の内務大臣に届いた。当初はニコライの傷の程度も不明だったため、内閣は驚愕した。しかも、首相の

ニコライを助けた人力車夫　北賀市市太郎（左）と向畑治三郎（右）（『日本歴史写真帖』）

松方正義は、その五日前に山県有朋に替わって就任したばかりだったのである。

明治天皇の受けた衝撃も大きかった。国家をゆるがす一大危機に、新任の首相と内閣は浮き足立って頼りにならない。天皇の信任が最も厚い伊藤博文は、このとき箱根にいた。ニコライを見舞うために、天皇は名代として北白川宮能久《よしひさ》親王を京都に派遣したが、自らも赴く決意をする。このとき三十八歳だった天皇は、政府に任せず、積極的にリーダーシップを執って、この不祥事を収拾するために乗り出すことになる。

政府が事件に動顚したのも無理はな

かった。世界屈指の軍事大国であるロシアがその武力を発動すれば、日本などはひとたまりもない。未来の皇帝となる皇太子に危害を加えられたことでロシアは憤激するに違いない。九州はともかく千島列島は賠償として要求されるだろう、と予想する者もいた。

平塚篤編『伊藤博文秘録』には、伊藤博文に面会を求めた後藤象二郎と陸奥宗光の両大臣が、刺客を雇って犯人を殺して病死したことにすればいい、露国ではよくそうしたことがあるようだ、と真面目に語るので、伊藤は唖然として「人に向かって語るも恥じるべし」と答えた、という記述がある。

後に、シベリアで諜報活動に従事したことで知られる石光真清の手記『城下の人』にも大津事件のことが書かれている。このとき石光真清は近衛師団にいて、京都へ赴く天皇の護衛についたが、ニコライが大津で斬られて負傷したことを知ると、近衛兵たちは腰を抜かすほど驚き、ガタガタ震え出す者さえいた。というのも、当時の日本の軍備は陸軍が六師団、海軍はほとんど無いにも等しく、石光は「彼等一行の眼には、日本の軍備は七五三のお祝いに軍服を着た鼻たれ小僧に見えたであろう」と述べている。

事件が新聞で報道されると、日本中がパニックに陥った。各地で祭礼行事が中止され、大相撲や株式市場は臨時休業し、遊郭では客引きをやめ、戦争騒ぎにおびえて貸し出しを見合わせる銀行もあった。ロシア公使館には、全国からニコライへの見舞状や電報が殺到し、大量の見舞品が届き始める。ニコライの日記によれば、菓子や酒樽は山ほどあり、鳥や金魚まで贈られたという。さらには、畠山勇子という二十五歳の女性が、ニコライの帰国を引き留めたい一心で遺書を残して京都府庁の門前で自刃し、烈女と称賛されることになった。現代人には何とも理解しがたいような話だが、それほど国民全体が謝罪の意を表すのに必死だったといえるだろう。

ロシア軍艦内での異例の午餐会

五月十二日の朝六時半過ぎに新橋停車場を発った天皇は、夜九時過ぎに京都に到着している。本来、天皇の行幸にはさまざまな準備が必要だったが、それらを無視した異例ずくめの行幸だった。ロシアとの関係を回復するのは自分の役目だ、という天皇の強い意思が感じられる。これに前後して、皇族や政府高官たちも続々と京都入りしたため、京都の街は騒然となった。

ニコライの側近たちは事件後、極度に警戒して、日本人をできるだけニコライに近づけないようにした。日本側が派遣した医師による診療も拒否している。だが、傷がそれほど重傷でないことはわかったため、日本政府はロシア側に旅を中止しないよう懇請する。ニコライが日本国内に滞在しているかぎり、ロシアが武力をもって攻めてくることはない。いわば安全保障の意味でも、予定通りニコライを東京に迎えて盛大に饗応し、悪い印象を払拭した後で帰国してもらおうとしたのだ。

このとき、ニコライ本人はどう考えていたのか。日記を読むかぎりでは日本への嫌悪感は見られず、旅を続ける意向だったようだ。だが、犯人が警護の巡査だったことで、側近たちは異常なほど神経質になっていた。彼らは、周囲を敵に囲まれているようにおびえ、東京へ移動するのは不安だ、と本国に報告する。その結果、ニコライは本国の指令で、十三日に京都を出発し、神戸港に碇泊中のアゾヴァ号に帰艦することになった。

それを知った天皇は事態を憂慮し、皇太子を京都から神戸港へ去らせることは何としても止めねばならない、と伊藤博文をロシア公使の説得に向かわせる。だが、もはや帰艦の決定を覆すことはできなかった。

それどころか、ロシア公使から異例の要請があった。皇太子の安全を保障するため、京都から神戸港まで天皇に同伴をお願いしたい、というのである。天皇はそれを聞き入れ、ニコライの手を取って御召列車で神戸まで同乗した。またもや突然の行幸であり、ニコライをあたかも我が子のようにいたわる天皇の姿を見て、政府高官や天皇の側近たちは、慨然として言葉もなかったという。ニコライをアゾヴァ号まで送った天皇は京都御所に戻ったが、事件発生から一睡もできないほどだったため、その顔には憔悴の色が表れていた。

アゾヴァ号でしばらく静養していたニコライは、ついに十九日に離日することが決定する。政府高官たちは青ざめた。ニコライが帰国するのを待って、ロシア艦隊が攻撃を開始するという可能性も残っていたからだ。十八日、天皇は最後のチャンスとして、神戸の宮内省御用邸で明日ぜひ午餐を差し上げたい、という招待状をニコライに送る。天皇はニコライを自ら饗応し、日露両国の間に信頼関係を築いておこうとしたのである。

天皇の招待をニコライは喜んで受けようとした。だが、またしても彼の侍医や側近たちが猛反対する。傷が完治していないという理由だが、皇太子を軍艦の外に出したくなかったのが本音だろう。ニコライは側近たちと激しい口論をする。接伴係からそれを聞いた天皇は、やむなく招待を取り消した。

天皇の心情を察したニコライは、招待に応じられないことを詫びるとともに、アゾヴァ号艦内でささやかな午餐を差し上げたいと、逆に天皇を食事に招待した。ところが、この招待でまた新たな問題が生じることになった。日本では、天皇が外国の軍艦に行幸した前例はなく、万一、天皇がロシアへ拉致されることにでもなれば取り返しがつかない、という理由で、天皇の側近や大臣全員が猛然と反対したのである。

実際に、一八八二年の壬午《じんご》軍乱で李鴻章の配下の馬建忠が、朝鮮国王高宗の父である大院君李昰応《りかおう》を、汽船で清国に拉致した前例があり、杞憂とは思えなかったのだろう。その上、天皇が口に入れる食物は、必ず毒味役が食べて安全を確認することになっていたが、ロシアの軍艦内ではそれも難しい。

『明治天皇紀』によれば、そのとき天皇は泰然と「露国は先進文明国なり、豈敢《あに》へて爾等《なんじら》の憂慮するが如き蛮行を為《な》さんや」と言い、ニコライの招待を受けることを決断する。まさに、人質になることも覚悟の上で臨んだ午餐会だったといえよう。

翌十九日十二時半、アゾヴァ号は百一発の礼砲を轟かせて、乗船する天皇一行を歓迎した。十二時五十分、天皇はニコライやゲオルギオスらと午餐をともにする。

この午餐会に同伴したのは、有栖川宮熾仁《たるひと》親王・北白川宮能久親王および少数の側近と通訳のみだった。アゾヴァ号の艦内には長方形のテーブルが置かれていて、上方に天皇のための席が設けられ、その後ろに式部官長崎省吾が通訳として立った。ニコライは右端の席について熾仁親王と相対し、能久親王はゲオルギオス、土方久元《ひじかたひさもと》宮内大臣は徳大寺実則《さねつね》侍従長と向き合い、以下、司令長官・ロシア公使・ニコライの随従武官・アゾヴァ号艦長が、式部次長三宮義胤《さんのみやよしたね》・近衛参謀長陸軍歩兵大佐立見尚文《たつみなおぶみ》らとそれぞれ相対して着席した。

急遽設定された小人数の会食だったため、メニューが正式に記録されることはなかった。だが、アゾヴァ号には通常の海軍の兵食と違って、皇太子のためにかなり贅沢な食料品が積まれていたことだろう。ロシアの貴族の食事は高級フランス料理が普通なので、それに加えてロシア産キャビアなどが並んだのではないか。ただし、航海中なので、塩漬け肉など長期保存ができる食材も多かったはずだ。ニコライは酒が好きで、コーカサス産のアブラウ・デュルソー・シャンパンがお気に入りだったそうなので、食事の前にシャンパンで乾杯したかもしれない。

また、ロシア人は食事中に煙草を吸う習慣があり、『明治天皇紀』には、ニコライが煙草をとって天皇に勧めたことが書かれている。すると、天皇は少しも慌てず、巻煙草を自分の服から取り出してニコライに勧めたという。平素、天皇は煙草を所持することがないので、侍従長らは呆気にとられたが、これは天皇が自分で用意しておいたものらしい。

歓談中に、今度の事件に触れて天皇が遺憾の意を示すと、ニコライは、どこの国にも狂人はいるものだが、自分の負傷も狂人のせいなので、どうか心配なさらぬように、と応えた。『明治天皇紀』によれば、ロシア公使は後に「日本天皇の此の如く高声に談笑せられしを未だ嘗《かつ》て拝したることなし」とこの日のことを語っている。極度の緊張と興奮とで、天皇の声は普段より上ずっていたのではないか。

こうして午餐会はなごやかに終わり、天皇は午後二時にアゾヴァ号から御用邸の桟橋に戻った。御用邸で待機していた人々もようやく愁眉を開く。四時四十分、ロシア艦隊は神戸港を出港してウラジオストックへ向かった。ニコライは日記に「この興味深い国を去るのは非常に悲しいというのは不思議だ。この国のすべてが最初から私の気に入り、（中略）事件でさえも悲哀や不快感を残していない」と書いている。その後、ロシアから日本が恐れたような賠償の要求はなかった。

ニコライ二世の末路と血染めのハンカチ

以後のニコライについて簡単に述べておくと、大津事件の三年後の一八九四年に父帝が病気で急死したため、彼は心の準備もできないうちに即位して、皇帝ニコライ二世となる。日清戦争後の三国干渉を機に日本との関係が悪化し、一九〇四年に日露戦争が起こるが、ロシア軍の相次ぐ敗北は国民にショックを与えた。この敗戦で皇帝への批判は一気に高まり、革命への引き金となる。また、即位の年に結婚したニコライは、四人の娘の後に待望の息子を得たが、その皇太子が生まれつき血友病だったことが原因で、皇后が怪僧ラスプーチンを重用するようになり、ニコライは専制君主としての権威を失墜する。

ついに、一九一七年の第二次ロシア革命でニコライは退位を余儀なくされる。ソビエト政権によって移送・拘禁されていたニコライは、翌年、五十歳で家族とともに惨殺された。

その死の真相はずっと隠蔽されていたが、ソ連崩壊後の一九九一年、エカテリンブルグで発見されていた数体の人骨がニコライ一家のものと推定され、一九九八年、ようやく歴代皇帝が眠るサンクトペテルブルグの大聖堂に埋葬された。その人骨のDNA鑑定には、大津事件の際にニコライの血痕がついたハンカチも使われたが、多量の埃や汚れが付着していたため、明確な結果は出なかったという。

それにしても、もしアゾヴァ号での午餐会が開かれず、十九世紀末に、日露戦争が日清戦争より先に起こっていたら、どうなっていただろうか。いまではほとんど忘れ去られてしまった一八九一年のこの一時間十分の午餐会こそ、近代日本の命運を分けたのだ、と思わずにはいられない。

第七章　河豚の本場で開かれた日清講和会議

――伊藤博文

酒・女・煙草を愛した初代内閣総理大臣

二〇〇六年に五十七人目の内閣総理大臣に就任した安倍晋三氏は、約一年で辞任したが、その安倍氏を含め、山口県からはこれまでに八人の総理が誕生している。その系譜の起点に位置するのが、初代総理の伊藤博文である。

伊藤博文は一八四一（天保十二）年、熊毛郡束荷《つかり》村（現・山口県光市）で生まれている。萩に移った後、父親が伊藤家に養子に入ったため、伊藤姓を名乗るようになった。若き日、俊輔と称した彼は松下村塾で学び、桂小五郎（後の木戸孝允）や高杉晋作らとともに尊王攘夷運動に奔走する。しかし、一八六三（文久三）年に、盟友の井上聞多（後の井上馨）らとひそかにイギリスへ留学したことをきっかけに開国・倒幕に転じ、薩長連合の結成やイギリスとの連携に努めた。

明治維新後、政府の要職を歴任した伊藤は、大日本帝国憲法制定や国会開設に尽力する。一八八五（明治十八）年に内閣制度が創設されると同時に初代内閣総理大臣に就任し、以後、計四回首相を務めて、文字通り明治の最高指導者となった。

伊藤は豊臣秀吉と比較されることが多い。それは、下級武士が多い幕末の志士のなかでも、とび抜けて低い身分だったことによる。伊藤と親しかったドイツ人医師のエルウィン・ベルツは、春畝《しゅんぽ》公追頌会編『伊藤博文伝 下巻』で「新日本の元勲中、武士階級に属せざるものは唯公一人なりき。公は卑賤の家に生れたり」と述べているほどだ。明治という時代は、その伊藤が天皇から信頼を得て、最高権力を行使することを可能にしたのである。これほど、人々に新しい時代の到来を実感させる出来事はなかったといえるだろう。

伊藤博文

一方、伊藤博文といえば決まって出る話題が、「女好き」と「遊興」だった。ベルツはさらに、こんなふうに語っている。

> 公は酒と女と煙草とを好めり。しかもこれを秘せんとせず、常に曰く、「君等は我より何を期待せんとする者ぞ。終日国務に鞅掌《おうしょう》

伊藤梅子

し、頭がグラグラする時、晩酌を傾くるに、制服着用の給侍よりも、無邪気にして綺麗なる芸妓の手の方がなんぼう慰めになるか知れぬ。」と。

鹿鳴館時代に、初代総理だった伊藤が辞職に追い込まれたのも、戸田氏共《うじたか》伯爵夫人極子《きわこ》とのスキャンダルが発端だった。だが、女好きではあっても、伊藤の私心のなさ、公平さや清廉さ、頭脳の柔軟さについては多くの人々が証言している。また、妻の梅子の内助の功は大きく、さすがの伊藤も、梅子にだけは生涯頭が上がらなかったらしい。尊敬する人物として、伊藤は「明治天皇、おかか（梅子）」と二人を並べて挙げているほどだ。

その梅子と伊藤が初めて出会ったのが、現在の下関市唐戸にある亀山八幡宮だった。一八六五（慶応元）年、攘夷派の刺客に追われて亀山八幡宮に逃げ込んだ伊藤を、境内のお亀茶屋でお茶子をしていた梅子が匿ったのである。翌年、梅子が芸者屋に身売りされたことを知った伊藤は、彼女の恩に報いるため、身請けして正式に妻とした。梅子はその後、和歌や英語なども学び、良妻賢母ぶりを称えられるようになる。

二人が出会った亀山八幡宮を訪ねると、お亀茶屋跡を示す案内板があったが、それ以上に目立つ銅像があった。〝世界最大〟を誇る河豚の像である。毎年、河豚漁解禁に合わせて、この像の前で航海安全や豊漁を祈願する祭りが行われるという。下関といえば河豚。あの北大路魯山人も、河豚の美味を「これに優る何物をも発見し得ない」と絶賛し、「下関で鮮度の高い」ものなら間違いない、と太鼓判を押している。

実は、この下関名物の河豚と明治を代表する大政治家・伊藤博文の間には、意外な深い関係があった。

豊臣秀吉の河豚禁食令を下関で解く

下関では普通、河豚を濁らずに「ふく」と読む。「ふく」は「福」に通じるが、「ふぐ」は「不遇」に通じるので嫌われるのだという。現在、庶民には容易に手が届かない高級魚になってしまった河豚だが、内臓など毒のある部分を食べれば間違いなく死ぬ。しかし、約二千五百年前の下関の貝塚からも、河豚の骨が出土しているそうなので、日本人が河豚を古くから食用していたことは間違いない。

その河豚を食べることを禁止したのが、豊臣秀吉だった。十六世紀末、秀吉の二度の朝鮮出兵に全国から駆り出された武士たちの大半は、下関を経由して朝鮮半島へ渡った。中原雅夫氏の『ふく百話』によれば、毒のことをよく知らない武士たちが下関で河豚を食べて死者が続出したので、怒った秀吉が河豚禁食令を出したのだという。

明治維新後、河豚は庶民の間に急速に普及したが、素人料理のために、中毒死する者も増えた。そこで、明治政府も河豚食を禁止するが、それを解いたのが伊藤博文だったというのである。

一八八七（明治二十）年の暮れ、下関を訪れた伊藤は春帆楼《しゅんぱんろう》という料亭旅館に宿泊した。春帆楼は亀山八幡宮の東、徒歩で三、四分の場所にあり、伊藤にとっては以前からなじみの店だった。

春帆楼の女将《おかみ》は、現職の総理大臣である伊藤を名物の海鮮料理でもてなそうとしたが、あいにく時化《しけ》続きで魚が手に入らない。女将は困り果てて、お手打ち覚悟で禁断の河豚料理を出した。そのうまさに驚いた伊藤は、こんなに美味しい魚を禁じることはないと言って、翌年、山口県に限って河豚を食べることを解禁する。それ以後、春帆楼では「ふく料理の公許第一号店」の看板を掲げるようになったという。このエピソードは、河豚に関する文献の多くに紹介されている。さらにその続きがあった。

だが、春帆楼の案内パンフレットには、高杉晋作らと一緒にこの地を訪れていた伊藤は、幕末、下関では河豚禁食令も表向きで、高杉晋作らと一緒にこの地を訪れていた伊藤は、河豚を何度も食べて味を知っていた。しかし、いかにも初めて食べたような顔をして禁令を解いた、というのである。こうして、山口県では一八八八年に禁令が解かれたが、兵庫県は一九一八（大正七）年、大阪府では一九四一（昭和十六）年になってようやく解禁されている。

幕末の志士たちが下関で河豚を食べていたことは、当地の豪商・白石正一郎の日記からもわかる。白石は高杉晋作らを経済的に援助し、奇兵隊が組織されるといち早く加わって、隊士としても活躍した人物だ。その白石の一八六七（慶応三）年一月十七日の日記には、「昼過より小くら藩ふくにて饗応」、同二十六日には「ふくの料理船へ遣ス」、三月三日には「ふくにて一酌」という記述がある。ちなみに、河豚は江戸時代には「河豚汁」、いまでいう「チリ」で食べるのが普通だったようだが、白石が「船へ遣ス」と書いた料理は、河豚刺しだろうと考えられている。

こうして、伊藤博文によってふく料理公許第一号の栄誉を受けた春帆楼は、現在も高級割烹旅館として営業している。しかも、伊藤と春帆楼の関係は河豚の解禁だけではない。一八九五（明治二十八）年三月、日清講和会議の開催が決まると、伊藤はその会場に春帆楼を指定し、外務大臣の陸奥宗光とともに日本の全権大使として会議に臨んだ。このとき、伊藤は五十三歳。対する清国全権大使は、清国の軍政・外交の実力者として世界的に知られていた七十二歳の李鴻章である。

講和会議場に隣接していた遊廓

春帆楼の前身は、眼科医の藤野玄洋が一八七七（明治十）年に開業した病院だった。梅﨑大夢氏の『雑録 春帆楼』によると、玄洋の病院は治療だけでなく、「化学的薬湯場」を設けて患者を入浴させたり、娯楽休憩所をつくって料理も出していたという。その玄洋が一八八七年に没した後、未亡人のミチが病院を改造し、割烹を兼ねた旅館を開業した。これが、現在まで続く春帆楼の始まりである。玄洋は幕末の志士たちと広く交遊していたので、ミチが女将として切り盛りするこの旅館には、下関を通る政府高官たちが立ち寄ってひいきにしたらしい。もちろん、伊藤博文もその一人だった。

一九〇〇年に刊行された『下の関案内記 並山口福岡両県名勝録』（柏村一介ほか著）では、「料理店」の項目で春帆楼が筆頭に、「旅館」では二番目に挙げられている

（以下は「旅館」の項）。

◎春帆楼（阿弥陀寺町）日清媾和談判所として、全世界に其名轟きたるものは、実に此楼なり、紅石山麓赤間宮祠畔魏《ママ》然翠緑の間に新に築造されたる三層の聴濤楼を左に、春帆楼を中間として、月波楼を右に宛然一城郭をなしたる宏壮の旅館なり、庭上媾和紀念の花卉当時の面影を描して、紅を染め翠を写せり、加之絶景佳色他の及ぶべくもあらず、調理の周到、待遇の懇切に至りては実に其右に出づるものなく、貴賤の別なく貧富の論なく、能く其道を尽せり（以下略）

一方、同書には「遊廓」の項目もあり、下関は遊廓で知られる土地で、「全市街を挙げて一大遊廓なりと嘲る者さへあり」と書かれている。なかでも稲荷町は「古来由緒ある一廓にして尤も有名」で気品が高く美妓が多いため、訪れる客が絶えず、不夜城の観があるという。伊藤博文の妻、梅子がかつて売られた置屋も、この稲荷町の「いろは楼」だった。

現在、亀山八幡宮から北に二、三分も歩くと、末広稲荷神社という小さな神社がある。その手前の案内板には「数々の妓楼、名妓の名と共に稲荷町の名は全国に鳴り響いたものです。井原西鶴、十返舎一九、頼山陽《らいさんよう》など古くから文人墨客が訪れ幕末の志士、高杉晋作、伊藤博文、山県有朋、井上馨の夫人は当地の出身であり全国からの参拝者も多くありました」と書かれていた。伊藤、山県、井上という山口出身の三人の元勲夫人のゆかりの地が、この稲荷町だったことになる。

日清講和会議の会場に選ばれた春帆楼は、当時、全国的に有名な遊廓があったこの稲荷町と、目と鼻の先に位置していたわけだ。しかも、李鴻章ら清国使節団の宿舎に指定された引接寺《いんじょうじ》は、春帆楼よりさらに遊廓に近く、ほぼ隣接しているといってもいい。国家の命運を賭けた条約を締結するのに適切な場所だったのだろうか、と首をかしげたくもなる。

実は、李鴻章の前に来日した清国講和使とは、広島で会議が一度行われたものの、翌日決裂していた。伊藤が新たな会議の場所として下関を選んだのは、この地への特別な思いがあったからだろう。その理由として思い当たるのは、彼が下関で講和会議に出席するのは、これが初めてではなく二度目だったということである。

一度目は一八六四（元治元）年、長州藩が英・蘭・仏・米の四国連合艦隊と戦って降伏した下関戦争のときだ。イギリスから急遽帰国した二十代の伊藤は、自ら講和工作に奔走し、講和使の高杉晋作の通訳という立場で講和会議にも出席した。このとき危機を免れた長州は、その後、薩摩と手を結び、四年後には明治維新を成功させている。伊藤の脳裏に、この講和会議の記憶は鮮明に刻み込まれていたに違いない。

しかも下関戦争のときとは違って、日本は三十一年後のこの日清戦争で、勝利者として圧倒的に有利な立場に立っていた。清国はアメリカを通じて講和に動いたが、日本の国内では戦争続行を求める声が多かった。政府も講和を急ぐ気はなく、李鴻章の前に来日した講和使を、委任状の不備や代表の資格などを理由に追い返していた。そのため、窮地に陥った清国は、李鴻章を派遣せざるをえなくなったのである。

伊藤は三年前の一八九二年に、満を持して二度目の総理の座に就いていた。その内閣には伊藤も含め、法相山県有朋、逓相黒田清隆、内相井上馨、陸相大山巌の五人の元勲が勢揃いし、懸案の条約改正問題でもイギリスの説得に成功していた。前述したように、下関は新鮮な海産物が豊富で美妓が多く、伊藤にとっては土地勘があって、縁起のいい場所でもある。日清講和会議は、日本の実力を世界に示す絶好の機会になるはずだった。

日本滞在中は自炊した清国使節団

三月十九日、李鴻章と総勢百数十人の随員を乗せた二隻の汽船が、関門海峡沖に到着して錨を下ろした。伊藤博文は一行のために食事を用意していたが、李鴻章はそれを断っている。この時点でまだ日清両国は交戦中なので、敵が用意した飯など食べられない、ということだったのだろうか。あるいは、河豚でも出されて猛毒に当たったら、と警戒したのだろうか。北濱喜一氏は『ふぐ博物誌』で、中国でも古くから河豚は珍料理として賞味されていたと述べ、中国人は河豚の毒を暗殺に利用したのではないか、とも指摘している。

到着した使節団の船からは、おびただしい荷物が陸揚げされ始めた。その様子を『東京朝日新聞』が次のように報じている。

引接寺に運ぶもの総て車二十六輛荷物百四十個、鍋、釜、火鉢、箸、破茶碗、炭は勿論中には、切掛の豆腐二丁、料理かけし鳥肉数臠《れん》、焼豚二三塊も亦《また》竹籠の中にころがれり

料理人まで連れてきた使節団は、日本滞在中もずっと自炊で通している。李鴻章は高齢でもあり、異国の食べ慣れない食事で体調をこわすことを何よりも恐れたに違いない。食料品や飲料水、日用品など、大量の荷物を船に積んできていた。

日本側も使節団のために、宿舎の引接寺の板の間にじゅうたんを敷き、掛け軸をかけ、庭園の手入れをするなど、準備を整えている。また、会議場の春帆楼の部屋には大ランプ二個を吊り、フランス製ストーブ、箱入り火鉢、たん壺などを用意し、大テーブルとイス大小十六脚を備えつけた。イスは浜離宮から下賜されたものを、東京から運んできたという。ペン、インキ壺、印肉壺、蒔絵入りの硯箱なども用意された。

現在も春帆楼の敷地内には「日清講和記念館」があり、館内中央に講和会議が行われた部屋が再現されている。調度品や文具などはすべて百年以上前に使われた実物で、なかなか立派なものだ。春帆楼の本体の建物は、一九四五年の空襲で焼失して改築されているが、記念館は戦火を免れて今日に至っている。

李鴻章の一行は三月二十日に初めて上陸し、春帆楼に向かった。李の乗り物は八人の担ぎ夫が担ぐ専用の〝こし〟で、ラシャやビロードで飾られた豪華なものだった。他の者たちは人力車に乗った。その行列を一目見ようと、道路には黒山のような人だかりができた。第一回会談は委任状の交換と清国側の覚書の提示のみで終わり、李は最初の二日は船中で泊まって、翌二十一日に引接寺に入っている。同日に第二回会談が行われたが、核心に触れるところまではいかなかった。

李鴻章は講和会議に先立って休戦について話し合うことを求めていたが、第二回会談で伊藤は非常に厳しい条件をつけ、それを満たすなら休戦に応じてもいい、と回答する。休戦してから講和会議に入った場合、清国が講和成立を引き延ばして列強諸国の干渉を促すなど、さまざまなことを画策する可能性があるため、伊藤はそれを防ごうとしたのである。結局、清国側はその条件を受け入れず、休戦しないままで、二十五日の第四回会談から講和条約の議論に入ることになった。

狙撃された李鴻章との講和条約交渉

ところが、二十四日の第三回会談を終えた午後四時三十分ごろ、清国使節団が引接寺へ戻る途中で思いがけない事件が起こる。李鴻章が日本人の凶漢にピストルで狙撃され、左頰に重傷を負ったのである。李を撃ったのは小山六之助（本名・豊太郎）と名乗る若者で、すぐに取り押さえられた。弾は李の左目の下約一センチの部分に命中したが、幸い眼球は傷つけず、骨で止まっていて、生命に影響はなかった。

伊藤たちは突然のことに茫然とする。誰もが四年前の大津事件を思い出した。講和会議が始まったばかりで全権大使が襲われたとなれば、列強諸国は日本を野蛮な国だと非難するに違いない。李鴻章は老齢だけに傷の影響が心配されたが、もし李が帰国してしまえば、ますます困った事態になる。

大津事件のときと同じように、各種団体や有志から続々と慰問団が下関に派遣され、大量の電報が打たれた。全国新聞社三十社も連名で慰問書を作成し、朝日特派員の西村天囚が代表して引接寺を訪れて、慰問品の鶏六十羽と一緒に使節団に手渡している。しかし、李は慰問書だけを受け取って、鶏は丁重に断った。

日本側はこの狙撃事件で、世界の同情が清国に集まることを恐れ、それを防ぐには、清国が求めている休戦条約を無条件で受け入れるしかないと判断する。その結果、三月三十日に台湾と澎湖《ほうこ》列島を除く地域の休戦条約が成立した。

ちなみに、李鴻章を狙撃した小山豊太郎は、政治家で講談師でもある伊藤痴遊の家にいた書生だった。そのため、小山をそそのかしたと疑われた伊藤痴遊も警察に拘引され、大いに迷惑したという。痴遊によれば、小山の犯行動機は、講和会議を妨害して戦争を継続させることにあった。しかも、李鴻章だけでなく、伊藤博文の命も狙っていたらしい。

面白いのは、小山が伊藤の暗殺を思いとどまった理由である。彼は下関に来る前に、大本営が置かれていた広島で伊藤を狙撃する機会をうかがっていた。だが、芸者を連れて歩いている伊藤の姿を見て、この難局にもかかわらずこの余裕があるかと思うと、殺してしまうのが惜しくなったという。

狙われていたとは知らない伊藤は、四月一日に初めて清国側に講和条約案を示し、李鴻章の回復を待って会議の再開を図った。だが、日本が提示した要求は、清国にとって予想をはるかに上回る苛酷なものだったため、李は延引策に出る。

伊藤は、これ以上の引き延ばしは認めないとして、会議が決裂した場合には、ただちに六十〜八十隻の輸送船で大軍を増派する、と強く迫った。実際に、四月十三日に増援軍が広島の宇品港を出港して、続々と旅順へ向かっている。引接寺からはその輸送船団が関門海峡を通過するのが見え、事態の急を悟った李鴻章は、本国と相談して回答案を練った。

狙撃事件後、引接寺と春帆楼の間を往復する李の行列は、大通りを避けて山沿いの道を通っている。その道はいまでも「李鴻章道」と呼ばれているが、こんなに細い道を通ったのかと驚くほどだ。その道を何度か往復した李は、日本側のわずかな譲歩を引き出しただけで、ついに講和条約に調印した。

成立した講和条約の主な項目の要旨は次の通りである。

一、清国は朝鮮国を完全な独立自主の国であると認める。
二、清国は遼東半島、台湾、澎湖列島を割譲する。
三、清国は軍費賠償金として庫平銀二億両（当時の邦貨で約三億円に相当）を支払う。

四、清国と欧州各国間条約を基礎として、日本と日清通商航海条約および陸路交通貿易に関する規約を締結することを約束し、その実施まで日本政府と国民に最恵国待遇を与える。

これ以外にも、開港地や航路や税金などに関する項目が並んでいるが、ここでは省略する。日本はほぼすべての要求を貫徹した。開国以来の本格的な対外戦争に勝利し、多額の償金や植民地を得られるという知らせに、国内は沸き返った。

十七日十一時四十分、春帆楼において日清講和会議は終了し、李鴻章の一行はその日のうちに荷物をまとめて帰国した。

下関講和談判　永地秀太（明治神宮外苑聖徳記念絵画館蔵）

伊藤たちは午後、下関の市会議員など二十余名を春帆楼に招いて挨拶を行い、続いて午後四時からは下関の有志一同が、伊藤と陸奥の両全権と随員らを招待して、春帆楼で盛大な慰労の宴を催している。翌日、伊藤と陸奥は講和成立を天皇に上奏するため、船で広島へ向かった。

結局、日清両国の代表が会食しながら談笑するという機会は、最後までなかった。李鴻章は屈辱的な講和に憮然としていたに違いなく、もし招待されたとしても断っていただろう。一方、天皇への奏上後、広島では、伊藤らを囲んだ祝宴や歓迎会などの大騒ぎが四、五日間も続いたらしい。

日本での〝最後の午餐〟となった河豚料理

だが、調印から一週間後の四月二十三日、勝利に浮かれた日本人は頭から冷水を浴びせられた。ロシアがドイツとフランスとともに、遼東半島の領有を放棄するよう強く求めてきたのである。当時の日本にこの三国と戦う余力はなく、五月五日にやむなく干渉を受け入れた。以後、日本人は「臥薪嘗胆」を合言葉に、ロシアへの敵愾心《てきがいしん》を燃やすことになる。

なお、伊藤博文はこの年の八月、日清戦争での功績によって最高位に次ぐ大勲位菊花大綬章を受章し、侯爵となったが、対照的に、李鴻章は売国奴と罵倒されるほどで、日清講和後は閑職に追いやられた。一九〇〇年からは義和団事件の平定に当たっていたが、心労のせいか、翌年七十八歳で死去している。

伊藤と春帆楼の関係はその後も続く。前出の梅﨑氏の『雑録 春帆楼』によれば、一八九九（明治三十二）年から満州で斃《たお》れる一九〇九年までの十年間に、伊藤は下関を十六回訪れていて、とくに一九〇六年以降の十回中九回は、すべて春帆楼に宿泊しているという。一九〇六年といえば、日露戦争のポーツマス講和条約が成立した翌年である。

日本は日清戦争において、朝鮮が完全な独立国だと清国に認めさせることを大義に掲げて戦っていた。ところが、十年後に日露戦争で勝利を収めると、公然と大韓帝国（一八九七～一九一〇年の朝鮮末期の国号）の保護国化を推進する。伊藤自身は最後までロシアと戦うことには慎重だったが、講和の成立後、遣韓大使として韓国へ渡って日韓新協約の調印を迫り、一九〇六年二月に漢城に統監府が置かれると、初代韓国統監に就任する。そのため、この年以降の伊藤は日本と朝鮮半島を何度も往復し、下関を通ることになったのだった。

明治期に、伊藤博文ほど朝鮮問題と深く関わった政治家はいないだろう。統監となった伊藤は韓国の近代化を推進したが、彼の頭に「韓国併合」の構想があったことは否定できない。そして、一九〇九年に朝鮮人に暗殺されたことで、彼は朝鮮経営に殉じた〝英雄〟となった。夏目漱石は翌年、『東京朝日新聞』に連載した「門」で伊藤の死を取り上げ、主人公の宗助に「伊藤さんは殺されたから、歴史的に偉い人になれるのさ。たゞ死んで御覧、斯うは行かないよ」と語らせている。

一九〇九年、満州経営をめぐって日本とロシアやアメリカの関係が悪化するなかで、六月に韓国統監を曾禰《そね》荒助《あらすけ》に引きついだ伊藤は、遺言めいた言葉を家庭に遺して、十月十四日に満州視察旅行に出発している。伊藤はこのとき名誉職ともいえる枢密院議長で、比較的自由に行動することができた。その彼が、単に漫遊のために満州を訪れたはずはない。ここを自分の〝死に場所〟と思い定めていたようにさえ見える。

伊藤が総理として臨んだ日清戦争は、「弱小国」の日本が生命線と考える朝鮮をめぐる争いで、列強の朝鮮半島への進出を阻止し、自国の安全を守る必死の戦いと言えた。だが、日露戦争後の日本は、朝鮮のみならず満州経営に乗り出していく。

伊藤は、まるでその後の日本の暴走を予感したかのごとく、なし崩し的な満州進出に危惧を抱いて、懸命にブレーキをかけようとしている。帝国主義列強の一員として、自らの「膨張」を正当化しはじめた日本にあって、伊藤だけは、現実的な感覚を失っていなかったように思えてならない。

十五日の午後八時過ぎ、下関に着いた伊藤はこの日も春帆楼に泊まっている。翌十六日、午後十二時半に下関を出発する伊藤のために、春帆楼では彼の好物である河豚のチリ鍋を用意した。伊藤とはさまざまな因縁のある下関の河豚料理が、日本での〝最後の午餐〟になろうとは、誰一人知るはずもなかった。

その日、伊藤の一行を乗せた鉄嶺丸は、玄界灘を朝鮮半島方面へ向かった。十八日に大連に到着した伊藤は、在満邦人への講演で、満州を植民地とみなす風潮をいましめ、「極東の平和」の希望について熱弁をふるっている。伊藤が哈爾賓《ハルビン》駅頭で、朝鮮独立運動家の安重根に撃たれて亡くなったのは二十六日、春帆楼で河豚を食べた十日後のことだった。

第八章　旅順陥落のシャンパンシャワー
——児玉源太郎

『坂の上の雲』に描かれた大ヒーロー

日露戦争、と聞くと、司馬遼太郎の長編小説『坂の上の雲』を思い浮かべる人が多いのではないか。この小説を読んで秋山好古《よしふる》・真之《さねゆき》兄弟の活躍に喝采を送った人が、もう一人強い印象を受けた人物を挙げるとしたら、やはり児玉源太郎だろう。司馬遼太郎はこの小説で、乃木希典の軍人としての無為無策をいやというほど描き出し、対照的に、児玉源太郎の決断力や素早い状況判断を高く評価している。

『坂の上の雲』は、創作と史実が渾然一体となった歴史小説だが、旅順の攻防戦を描いた第四巻のあとがきで、司馬自身が「この作品は、小説であるかどうか、じつに疑わしい」と書いているほどなので、つい小説を読んでいることを忘れてしまう。『坂の上の雲』で無能な将軍として描かれるまで、乃木希典は多くの日本人にとって、難攻不落の旅順要塞を攻め落とした〝軍神〟であり、日露戦争に勝利をもたらした英雄だった。乃木神話は長い間、大衆の間で信じられてきた。

だが、『坂の上の雲』で、児玉源太郎のはたした役割がクローズアップされたことで、旅順戦のイメージは一変したといえるだろう。乃木は無能だったが、救世主の児玉がいたから旅順は攻略できた、と考えられるようになったのである。

ただしその後、『坂の上の雲』とは違う視点で、旅順攻略戦を再検証しようとする動きも出てきている。一九七〇年には福田恆存《つねあり》が「乃木将軍は軍神か愚将か」を発表して、乃木希典を擁護した。日本軍の要塞戦研究の準備不足や、肉弾による強襲法しか思いつかなかったことは、乃木の責任とはいえない。旅順攻略の作戦は、大本営も満州軍総司令部も第三軍も皆迷っていて、乃木はたまたま旅順攻撃の第三軍司令官を任された悲運の人だった、と指摘したのである。さらに、乃木の戦術は単純な肉弾攻撃ではなく、当時から要塞攻略では定石とされていた、という見方もある。第一次世界大戦の有名なヴェルダンの要塞戦でも踏襲されている戦術だというのだ。

児玉源太郎

いずれにせよ、日露戦争終結後、陸軍参謀本部は戦史編纂に関して、陸軍にとって不利な事実を記述することを厳禁し、部隊や個人の失敗については、脚色することさえ求めている。それでは、真実は隠されたまま風化し、兵士は勇ましく戦って死んだ、という美談ばかりになるのも当然だ。戦史の裏面を探ることは難しいものの、ここでは、『坂の上の雲』にも書かれていない児玉源太郎の一面を取り上げてみたい。

型破りでいたずら好きな天才軍師

身の丈およそ五尺（約百五十二センチ）といわれる児玉源太郎は、明治期でも小男の部類に入る。二十歳で陸軍大尉になるという異例の昇進を遂げた児玉に、兵士たちが奉ったあだ名は「栗鼠《りす》」だった。一八五二（嘉永五）年に徳山藩士の家に生まれた児玉は、父と義兄の非業の死によって幼少期から辛苦を味わい、戊辰戦争、佐賀の乱、神風連の乱、西南戦争などを体験してきた叩き上げの軍人である。

身長こそ低いが、児玉の肖像写真を見た人は、その日本人離れした整った容貌に目を奪われるはずだ。陸軍制度の視察のために欧州へ派遣された際、イタリアの美しい歌姫から片思いされたというゴシップも、あながち嘘ではないだろう。

児玉源太郎の伝記は何冊も出ているが、児玉の死後、最初に出版されたのが森山守次・倉辻明義の『児玉大将伝』（一九〇八年）で、次いで杉山茂丸の『児玉大将伝』（一九一八年）が刊行されると、しばらく空白期が続く。その後、司馬遼太郎の『坂の上の雲』が話題を呼び、一九六〇年代以降は、天才軍師としての児玉が注目されるようになった。

右の杉山茂丸は児玉より十二歳年下だが、自他ともに認める親友だった。実は、一九〇八年刊の『児玉大将伝』も杉山が企画・監修を務め、森山と倉辻に編集を任せて出版したものである。杉山茂丸は政財界の裏面で暗躍した怪人物で、「ホラ丸」などとも呼ばれているが、さすがにこの二冊の『児玉大将伝』には他の伝記には書かれていない逸話が多く、めっぽう面白い。余談ながら、森山守次（雅号は吐虹）は、一九〇八年十一月に日本初ともいえる週刊誌『サンデー』を創刊しているが、杉山はその発行にも関係して、さまざまな支援をしている。

一九〇八年刊の『児玉大将伝』によれば、青年時代の児玉は並外れた大食漢で、「児玉と言ふ男は全身胆なると共に全身胃である」と同僚の間でも評判だったそうだ。しかし、児玉は洋行の機会に暴飲暴食を改めようと決心して、帰国後は人が変わったように小食になり、大酒も控えるようになった。

杉山が語る若き日の児玉は、破天荒のいたずら好きで、まるで子供がそのまま成人したようだ。児玉は花柳界でも遊び上手で知られ、芸妓たちに人気があった。さらに、軍人としての彼の優秀さは、多くの伝記に書かれている通りだろう。児玉は陸軍がドイツから招いたメッケルに、兵団を動かす戦術や諜報戦を学んでいる。そのメッケルは、一八八八年に帰国するとき、陸軍のなかで誰が英才かと問われて、児玉と小川又次（後に陸軍大将となった）の二人の名前を挙げたという。

軍人としてばかりではない。児玉は一八九八年に台湾総督に就任したが、その後、陸軍大臣を兼務し、一九〇三年には内務大臣と文部大臣を兼務しながら、台湾総督は現職のままだった。台湾総督の前任者は乃木希典だが、一年半で休職を申し出て解任されている。当時の台湾を統治するには、人心掌握にたけた児玉のような人間が必要だったのだろう。三歳年上の乃木と児玉は、同じ長州出身の軍人同士で、親しい友人であると同時に、こうした不思議な因縁で結ばれていた。

その児玉が、内務大臣を辞めて参謀本部次長に就任するのが一九〇三年十月、日露開戦の四ヵ月前のことだ。軍略の中心となる参謀本部次長田村怡与造《いよぞう》が急死し、この国難に当たれるのは児玉しかいない、という周囲の切望に応えたのである。大臣職からは格下げであり、肩書きや体面に固執する人間なら引き受けなかっただろう。だが、ロシアとの戦いに期するところがあった児玉は、地位など気にしなかった。

新橋芸妓の一団に見送られて出征する

参謀本部次長となった児玉は早速、参謀本部の作戦室にベッドを持ち込み、二週間ほど一人で作戦の研究に没頭した。ただし、息抜きに裏からこっそり抜け出して花街で数時間遊び、そしらぬ顔で部屋に戻るということもあったらしい。そのころの児玉について、『お鯉物語』のなかに記述がある。著者の安藤照は、新橋の名妓から総理大臣の桂太郎の愛妾になったお鯉である。同書によれば、児玉は対露工作で頭を使うと、気分転換に芸妓を集めて遊んだ。児玉の座敷にはいつもお鯉など人気芸妓が顔をそろえ、男性の常連は杉山茂丸、台湾民政長官の後藤新平、東京日日新聞社の朝比奈知泉で、伊藤博文の金庫番と呼ばれた伊東巳代治が時々加わったという。

そうした場での児玉は、無造作でひょうきんでいたずら者で、滑稽珍談は数知れない。引き締まった鋭い顔、鷲のように高い鼻、爛々と人を射る眼光など常人のものではないが、小男の上に服装はいたってお粗末で、ネズミ色になった白縮緬《ちりめん》の兵児帯《へこおび》に書生下駄、ヨレヨレの鳥打ち帽。お鯉によると、「如何《どう》見ても落魄した老壮士」だという。児玉はその恰好で正体を隠して、後で相手をびっくりさせては楽しんでいた。

また、児玉は自分が食べて美味しいと思ったものは、部下にも必ず食べさせようとする。ある晩、茅場町のおでんの屋台で立ち食いをした児玉は、その味がいたく気に入った。そこで、おでん屋を商う老人夫婦に、明日、おでんを三百人前ほど参謀本部に届けてほしいと注文した。面食らった主人が、資本がないので無理だと断ると、児玉は主人にかなりの金を渡してやった。そのおかげで、主人は参謀本部の将校たちに、美味しいおでんをたっぷり届けることができたという。

一九〇四年二月八日、日本の連合艦隊が旅順港のロシア艦隊を攻撃し、一年半にわたる日露戦争の戦端が開かれた。伊藤博文はすぐに金子堅太郎を呼び出し、渡米して米大統領と国際世論を味方につける工作をしてほしい、と依頼している。その金子に勝算を問われて、児玉は、何とか六分四分に持ち込みたいと答えている。日露の国力の差は歴然としており、軍事費調達の見通しさえ十分立っていない。先手を打って大勝し、その勢いで軍を進めて早期に講和を結ぶ以外にない、と児玉は考えていたのである。

開戦後、出征軍人の送別会で各地の花柳界はにぎわい、とくに新橋は鉄道の停車場があるため、毎晩のように宴会が続いた。児玉はそうした宴会でいつも主人役を務めていたが、とうとう自分も送られる側になった。『明治天皇紀』によると、出征する満州軍総司令官の大山巌、総参謀長となった児玉以下十二人が、六月二十九日に宮中に召されて、天皇と政府要人ら四十二人と午餐を共にしている。

その前後に、新橋でも児玉の送別会が開かれたらしい。宴が終わると、児玉はひいきにしている芸妓たち全員に、筆で紙に文字や絵を書いて渡した。七月六日、満州へ出発する児玉を見送るために、お鯉たち新橋芸妓も、かねてからの約束通り新橋停車場にやって来た。軍服姿の人々がひしめき、「万歳」の声が響くなかで、その紅裙《こうくん》連の一団はさぞ「浮いて」いたに違いない。

乃木将軍が率いる第三軍の悪戦苦闘

日露戦争のなかで、旅順攻略戦ほど、芝居や小説や講談の題材にされてきたものはないだろう。それは旅順戦が、日本人がかつて経験したことがないほど悲惨なものだったからだ。この戦いだけで、日本軍は約六万人の死傷者を出している。

当初、旅順はあまり重視されていなかったこともあり、日本は要塞攻略の研究も準備も不十分だった。しかも、ロシアはセメント二十万樽で要塞を補強し、警備を厳重に固めて内部の構造を秘密にしていた。それにもかかわらず、日本の精鋭部隊が攻めれば簡単に落とせるはずだ、という楽観説が信じられていたのである。というのは、日清戦争では旅順を一日で攻め落としていたからで、その中心になったのが乃木少将の率いる旅団だった。ふたたび旅順攻撃を任せられた乃木は、大本営が七月中旬に「旅順の早期攻略」という方針を決定したのを受けて、八月末までに攻撃を完了する計画を立てている。

だが、実際には旅順開城までに、半年以上の月日を要することになった。砲撃で要塞の機能を破壊したと判断して歩兵を突撃させると、機関銃の一斉射撃でなぎ倒される。日本兵は勇敢に突き進んだが、ロシア軍の猛烈な逆襲を受けて大量の犠牲者を出した。旅順戦を描いた戦争文学として有名な桜井忠温の『肉弾』に、「勇士の死屍は山上更に山を築き、戦士の碧血は凹処《おうしょ》に川を流す。戦場は墳墓となり、山谷は焦土と化す」と書かれている通り、凄惨な戦いが続いたのだった。

大本営、満州軍総司令部、第三軍の考え方が三者三様だったため、旅順戦は次第に感情的な問題へと発展していく。海軍からの要請もあり、大本営では要塞攻略より旅順港内のロシア艦隊撃滅に主眼を置いた。そして、港内を見渡せる位置にあって防備が薄い二〇三高地を占領し、そこから二十八センチ大口径の大砲で艦隊を攻撃することを、第三軍に求めた。一方、第三軍でも、九月五日に第一師団参謀長が提議したのをきっかけに、初めて二〇三高地攻撃に着手した。ただし、まだ二〇三高地の重要性をそれほど認めていなかったため、最初の攻撃に失敗すると途中で止めてしまった。

児玉はこの攻撃の直前に旅順を訪れている。その目的は、戦況視察と二十八センチ砲の効果を確かめることだった。九月二十八日に児玉が満州軍総司令官の大山巌に出した報告書では、二〇三高地の重要性を認めながらも、ロシアもその価値に気づいて急に防備を固めたので容易に攻め落とすことはできないだろう、と予想している。一方、二十八センチ砲の破壊力に注目した児玉は、これを使って要塞正面の堡塁を破壊すべきだと考えた。命中率を考えると、港内のロシア艦隊砲撃に使ってもあまり成果が上がらないのではないか、と危惧したからだった。

つまり、児玉はこの時点では第三軍の作戦を承認し、十月六日に総司令部に戻っている。これは、第二軍が遼陽でクロパトキンの反撃を受けていたからで、児玉は旅順だけでなく、全満州軍のことを考えねばならない立場だったのだ。旅順では、十月下旬に第二回総攻撃が正面から行われたが、死傷者を増やしただけで失敗に終わる。弾薬が不足していたが、補給は不可能だった。満州軍全体で足りなかったのである。

次の第三回総攻撃に当たって、大本営では第三軍に二〇三高地の攻撃を強く求めた。同じ戦法をくり返してこれ以上の大損害を重ねられてはたまらない、戦局全体にも由々しき事態を引き起こす、と第三軍を指揮する乃木への不信を募らせていたのだった。

国民の最大の関心事も「旅順はいつ落ちるか」だった。日本軍の損害や死傷者数は伏せられていたが、次第に噂は広まり、大本営には「乃木将軍は腹を切れ」と憤激する電報や、戦術を献策する書簡が多数届くようになる。なかには、敵陣に唐辛子を撃ち込めばいい、などという珍案まであった。

悲惨なのは兵士たちである。前線では「化物屋敷」という言葉が使われ始めた。敵の防御設備のなかに飛び込んだ突撃隊の大半が殲滅され、逃れてきた少数が報告をするものの、その内容はバラバラで要領を得ず、しかも突撃を二度三度と行っても、敵塁内部の様子がわからないのである。そのため、誰ともなしに「化物屋敷」と言うようになったらしい。

十一月二十六日に始まった第三回総攻撃でも、正面への突撃は失敗し、各連隊から選抜された三千百数十名の決死隊による奇襲作戦が行われることになった。これが有名な白襷《しろだすき》隊である。夜襲なので、敵味方を見分けるために、白いたすきをかけたのだった。だが、この作戦も失敗し、白襷隊のほとんどは生還できなかった。ただし、白襷隊の壮挙がロシア軍に与えた衝撃は大きかったという。

一夜が明けると、敵砲台下の斜面は日本兵の死体で埋まっていた。それを収容するために、日本軍が局地的な休戦を申し込むと、堡塁から出てきたロシア兵たちも死体

白襷隊突撃之図（『風俗画報』臨時増刊「征露図会」第18編より）

の収容を手伝った。そのとき、ロシア将校の一人がウォッカを持って来て日本の将校に渡したので、日本からも日本酒を贈った。死屍累々たる戦場で、敵味方が一堂に会して健闘を称え合い、酒杯を交換する、という珍しい光景も見られた。だが、戦いは続く。

二〇三高地攻略が導いた旅順戦の勝利

翌二十七日、乃木は作戦を変更して、初めて二〇三高地攻撃を中心にすることを決意する。この日から、日本軍はわずか二百三メートルにすぎないこの山の攻略に全力を注ぐことになった。

児玉が総司令部から汽車で旅順へ向かったのは、その二日後の夜である。バルチック艦隊出撃の報が入り、それに備える必要から、速やかに旅順港内のロシア艦隊を撃破してほしい、という要請が海軍から出ていた。二〇三高地はいまや旅順の運命を制するばかりか、日本の運命を決する大事になっていた。その二〇三高地占領を確実にするために、児玉は自ら現地に赴いたのだった。このとき彼は遺書を書いている。

三十日の夜、児玉は途中の駅で「第三軍が二〇三高地を占領した」という大山からの電報を受け取った。それまで一睡もせず、ずっと無言だった児玉は、同行する田中国重参謀少佐に初めて声をかけて祝杯をあげ、夜明けに大連に到着すると、上機嫌で朝食を食べようとした。ところが、そこに二〇三高地をロシア軍に奪回されたという報告が入ったため、洋食の皿を投げるばかりに激怒したという。

旅順に着くと、児玉はすぐに第三軍に編入されている第一師団と第七師団の軍司令部がある高崎山へ向かった。その途中に墓地があるのを見て、児玉はまたもや怒りを爆発させた。戦争の経験がない補充兵が通る場所にこんな墓地をつくれば、意気消沈させてしまう、第三軍の不注意はこの一例でもわかる、というのである。

児玉と乃木の会見の内容については記録がないため、諸説がある。おそらく、児玉は総司令官大山の代行という立場で、乃木に命令して作戦の指揮をとったのだろう。

その十二月一日の乃木の日記には、「午食後曹家屯ニ児玉ト会ス」と書かれているにすぎない。そして、「保典昨日戦死ノ事ヲ告ゲ来ル」と最後に何気なく書き添えられている。乃木の二人の息子のうち、長男の勝典はすでに戦死を遂げ、残った次男の保典もこの前日に、二〇三高地で亡くなっていたのである。

ここからの児玉の行動は迅速だった。不可能を可能にするという常軌を逸した迫力に誰もが圧倒され、その命令に服従した。五日、日本軍は二〇三高地にすさまじい砲撃を集中させ、突撃隊が突っ込むと次々に援軍を送り込み、ついに攻略に成功する。夕方までにはロシア軍が本要塞内に引き揚げたため、占領を確実なものにした。この二〇三高地攻略戦は、死傷者で山肌が見えなくなり、山形が変わったといわれる激戦だった。

翌日の午後、児玉は二十八センチ砲による旅順港内のロシア軍艦砲撃を命じた。それから連日の砲撃で、九日までにロシア艦隊をほぼ全滅させたのである。その結果、連合艦隊は旅順港の封鎖を解いて、バルチック艦隊を迎え撃つ準備に専念できることになり、日本海海戦の勝利へとつながっていく。それを見届けた児玉は、翌十日には旅順を出発し、十二日に総司令部に帰還した。もはや彼の用はすんだのだった。

二〇三高地の陥落後、旅順要塞のロシア軍は急速に戦意を喪失した。旅順港内の艦隊が壊滅状態になったことに加えて、部下の信望が厚かったコンドラチェンコ少将が、二十八センチ砲で戦死したことが大きかったといわれている。一方、二〇三高地を攻略した勢いで日本軍は攻撃を強行し、十二月下旬には三大堡塁を占領した。年が明けた元旦、白旗を掲げたロシア軍将校が前線に出てきて、将軍ステッセルの書簡を日本軍に渡し、開城の意志を示した。こうして旅順要塞はついに落ちた。

二日、ロシアの降伏文書に署名が行われると、日本軍の兵士たちは酒を飲み、軍歌を歌って喜び合った。第三軍司令部では将校たちがビール、ブランデー、シャンパン、ワイン、日本酒などで勝利を祝った。乃木とステッセルの有名な水師営の会見は一月五日、日本軍が旅順に入城したのは一月十三日である。その翌日、乃木は水師営の近くの空地で戦病死者大弔魂祭を挙行し、午後二時から祝勝会を開催した。酒と折詰の饗応があり、万歳三唱、余興として講談、剣舞、尺八演奏などが行われ、乃木は数回胴上げされたという。そのとき、乃木の胸中にはどんな思いがあったのだろうか。これ以後、名将「ＮＯＧＩ」の名はロシア軍に恐れられ、皮肉にも、乃木は軍神として生き続けなければならなかった。

祝勝会で受けたシャンパンの洗礼

児玉の元にも、待ちわびていた旅順陥落の知らせが届いた。前出の二冊の『児玉大

旅順開城後の乃木希典とステッセルと随員たち（『日本歴史写真帖』より）

将伝』によれば、日付は不明だが、満州軍総司令部でも祝勝会が開かれている。主賓は第一軍付きの観戦侍従武官、外国武官等で、各軍司令官以下の幕僚が同席したという。「観戦」とはまるで見世物のようだが、日露戦争には多くの欧米の軍人が戦況視察に来ていた。一九〇八年刊の『児玉大将伝』には、祝勝会に関する次の記述がある。

大将は満洲出征中寒さに堪へられないやうな時を除くの外、成るべく盃を手にせられなかつたが彼の旅順陥落の報を聞きて、其の祝捷会を開いた時には、流石喜びに堪へられなかつたと見え、我れを忘れて非常に多くの三鞭酒を煽《あお》つて、終には外国武官から『三鞭酒の洗礼』を受けた。其の時は大に笑つて『これでは煽るのではない浴《あび》るのだ』と放言せられたげな。

「三鞭酒」とはシャンパンのことだ。外国武官からその洗礼を受けて、児玉は「煽るのではない浴るのだ」と笑ったというが、これはまさしくシャンパンシャワー（またはシャンパンファイト）ではないか。勝利を祝ってシャンパンをかけ合う光景はＦ１レースの表彰式などでおなじみだが、その起源は一九五〇年のアメリカのメジャーリーグだという説がある。ちなみに、日本のプロ野球の優勝チームが行うのはビールかけだが、これはシャンパンが高価なため、ビールで代用したのが広まったらしい。

また、「シャンパンの洗礼」というと、艦船の進水式の際に、シャンパンの瓶を舳先にぶつけて割るセレモニーが思い浮かぶ。これは十八世紀ごろにフランスで始まったものらしいが、この場合には、勝利を祝うという意味はない。

日本人がシャンパンを飲み、乾杯したことが正式な記録として残っているのは、一八五三年と翌年にペリーが来航したときである。いずれにせよ、シャンパンが日本に輸入されるのは明治に入ってからで、その高価な舶来酒を飲むのではなく浴びた日本人、シャンパンシャワーを最初に体験した日本人とは、この児玉源太郎だったのではないか。いたずら好きな児玉だからこそ、外国武官たちも許されると思い、はしゃぐ彼にシャンパンを浴びせるという行為に出たに違いない。日本にはなかった風習だけに、他の軍人なら無礼と感じた可能性もある。

実は、この話には続きがある。一九一八年刊の杉山茂丸著『児玉大将伝』によると、祝勝会に出たシャンパンはロシア軍から奪ってきたもので、将校たちは口々に「此奴《こいつ》は非常に旨い、普通の三鞭酒から思ふと軽い。アルコホル分が殆んど無い位じやな」と言い合っていた。そのとき、管理部の川口大尉がこっそり児玉のそばに来て、失策をしたと言って詫びた。「何じや」と児玉が聞くと、「三鞭酒と斗り《ばか》思ひましたら、苹果《りんご》水で有りました」と小声で告げたという。

児玉は吹き出したが、もともと悪ふざけが好きな彼としては、期せずしてこんな事件が起こったので、愉快でならない。祝宴後、総司令部の幕僚たちに、ロシア軍から奪ったシャンパンの正体がリンゴ水だったということを教えて、「乃公《わし》も一杯食はされた」と大笑いした。ところが、児玉はまもなく腹痛に加えて激烈な下痢を催す。駆けつけた医官の診断によれば、腸カタルだというのである。

これには児玉も苦笑せざるをえなかったが、祝勝会に招いた客たちは無事かどうかを幕僚に確かめさせた。ただし、「何処迄《どこまで》も三鞭酒で通せよ」と念を押すので、幕僚はおかしさをこらえて、外国武官たちに問い合わせた。すると、いずれも元気で、戦地では見られないような丁重な饗応に満足している、という答えだった。それを聞いて児玉は安心したが、「之から奴等には三鞭酒を抜く事は廃《よ》せ。苹果水でもサイダアでも解りはせぬのじや」と減らず口をきいたという。これも、杉山茂丸の〝ホラ話〟という可能性はあるが、まったく根も葉もない話ではないだろう。

旅順は落ちても、日露戦争はまだ終わったわけではない。奉天会戦に勝利した後の三月二十八日、児玉は戦争終結を促進する意図を胸に秘めて、日本に帰還した。始めた戦争は、どこかで必ず終わらせなければならない。だが、満州軍の実情を明確に把握しているのは、児玉と大山だけだった。三十一日、宮中に参内した児玉は天皇に戦況を報告し、天皇は児玉のために午餐会を開いて、その労をねぎらっている。

ポーツマス会議で日露が講和に合意したのは八月二十九日、条約調印は九月五日である。十二月に凱旋して熱狂的な歓迎を受けた児玉は、「児玉内閣」を待望する声に背を向けて、翌一九〇六年一月には台湾に帰任してしまう。旅順攻略戦も乃木の手柄にして、自分は激励に行っただけだと語っている。

同年七月二十三日、朝になっても児玉は起きて来なかった。脳溢血で、眠れるままに世を去ったのである。日露戦争の終戦から一年もたたないその訃報に、誰もが驚き、耳を疑った。このとき児玉は五十四歳。長男の児玉秀雄は「父は全く日露戦争のために倒れたといつても差支ないと思ふ」と述べている。人々の深い悲しみのなかで、五日後に葬儀が行われた。そこには、降り出した雨のシャワーに濡れるのもかまわず、無言で児玉の棺に付き添う乃木希典の姿があった。

第九章　〝食道楽〟作家とロシア兵捕虜の交流

――村井弦斎

食関係の人々が集まる〝美食の殿堂〟

ＪＲ平塚駅で下車し、海側に向かって大通りをまっすぐ五、六分歩いていくと、右折した先に「村井弦斎公園」がある。一九〇四（明治三十七）年の冬、村井弦斎という作家が、この公園を含む一万六千四百坪の土地を購入して家族とともに暮らし始めた。

弦斎はその広大な土地に、家屋、野菜園、果樹園、温室、鶏舎、ウサギ舎、山羊舎などをつくり、自給自足に近い生活を実践した。和野菜はもちろん、レタス、セロリ、トマト、アーティチョークなど当時はまだ珍しい西洋野菜も栽培し、全国から食の名産品を取り寄せて、料理法の開発や研究も行っている。そのため、ここには味の素創業者の鈴木三郎助、森永製菓創業者の森永太一郎、料亭「八百善」主人の栗山善四郎など、食関係の錚々たる人物が集まるようになり、あたかも〝美食の殿堂〟のようにもてはやされた。

明治の文学をふり返ったとき、食をテーマにした小説として筆頭にあげるべきは、この村井弦斎の『食道楽』だろう。本文中に六百余種の料理が登場する『食道楽』は、一九〇三年一月から十二月まで一年間『報知新聞』に連載されて人気を博し、四巻の単行本が順次刊行されると、当時としては驚異的な十万部を超える大ベストセラーになった（二〇〇五年、岩波文庫で復刊）。

村井弦斎

村井弦斎は、明治中期の新聞小説界における第一人者だった。その人気たるや、彼が『都新聞』に連載していた『桜の御所』を病気で二日ほど休載すると、酒に酔った労務者風の男が新聞社に押しかけて、「明日も小説を怠けるならここを叩き壊すぞ」と恐ろしい権幕で怒鳴った、という話が残っているほどだ。また、弦斎が『報知新聞』に足かけ六年連載した『日の出島』は、明治期に書かれた最も長い小説である。

そして、一九〇三年に刊行が始まった『食道楽』は爆発的に売れて、〝食道楽ブーム〟を巻き起こした。だが、そんな売れっ子作家の彼が、日露戦争中の一九〇四年と翌年の二ヵ年は新聞小説を書いていない。いったい何をしていたのか。

実は、一般読者の目には触れなかったが、その間、弦斎はユニークな小説を執筆している。その小説のことは後にゆずるとして、彼は『報知新聞』編集長として陣頭指揮をとる立場でもあった。当時、『食道楽』人気を追い風にして『報知』は部数を急増させ、関東地区で販売部数のトップを争う有力紙の一つとなっていた。その紙面で弦斎は、捕虜を敵視することなく、人道的に暖かく迎えようと主張し、日露戦争が終わると、実際に平塚の自宅にロシア兵捕虜を招いて親交を深めている。当時の著名人が捕虜と交流した、という話はあまり聞かないので、これは珍しいことだったのではないか。

対外宣伝としての捕虜の厚遇

一八九五年の日清戦争の直後に、日本は三国干渉という冷徹な現実を突きつけられた。その背景にあったのが「黄禍論《こうか》」である。これは、日清戦争時に欧米で広がった「黄色人種が栄えることによって白色人種に禍をおよぼす」という差別思想で、日本人にとっては不快極まりないものだった。しかし、黄色人種国家である日本に対し、欧米の白人国家が手を結んでロシアに味方すれば、日本がロシアと戦って勝てる見込みはない。

そのため、日本政府は開戦直後の一九〇四年二月に、英語が堪能な末松謙澄を欧州へ、金子堅太郎をアメリカへ派遣した。日露戦争は自衛の戦争だと主張することで、黄禍論を打ち消し、同時に、大国ロシアと戦う日本への同情を買うのが目的だった。末松と金子は、新聞雑誌への寄稿、演説会や懇談会への出席などによって、ある程度まで、日本に対する好意的な状況を生み出すことに成功している。

『食道楽』夏の巻

一方、民間人のなかにも政府の依頼で、あるいは自発的に対外宣伝を行った人々がいる。朝河貫一、新渡戸稲造、岡倉天心などは、その著作で日本への理解を促進し、海外での講演活動で日本の正義をアピールした。だが、村井弦斎が私財を投じて打ち込んだ対外宣伝活動のことは、これまでほとんど知られていなかった。

村井弦斎は一八六三（文久三）年に三河国豊橋で生まれ、維新後に一家で上京すると、九歳で早くもロシア語の学習を始めている。彼の父親が、お茶の水で布教していたロシア正教会司祭ニコライに頼み込んだのだった。弦斎は幼少期からこの父に、将来の日本は必ずロシアの脅威にさらされる、そのためにもロシアをよく知らねばならない、と言い聞かされていたらしい。

東京外国語学校（現在の東京外国語大学）魯語科に入学した弦斎は、首席になるなど優秀な成績を収めた。健康を害して中退したが、一年間の米国滞在後、矢野龍溪《りゅうけい》に文才を認められて報知社に入り、主に『報知』に小説を書き始める。『匿名投書』（一八九〇年）や前出の『日の出島』（一八九六〜一九〇一年）はいずれも近未来ＳＦ小説とも呼べるもので、日露戦争がテーマである。世界の大国ロシアと戦うことなど、日本人の大部分が夢にも思っていなかった時期から、近いうちに日本はロシアと戦火を交えることになる、と弦斎は予測していたのだった。

政治小説『経国美談』の著者である矢野龍溪の系譜を受け継ぐ弦斎は、読者を啓蒙する目的で小説を書いた。『食道楽』は、料理上手のヒロインが多数の料理をつくるところから、美食小説とか食通小説と呼ばれたが、弦斎の真の目的は日本人の食生活を改善することであり、欧米の進んだ栄養学や衛生学の知識を広く普及させることにあったのである。

『食道楽』の連載が終了した一ヵ月余り後に日露戦争が勃発し、各国の新聞雑誌社はその実況を報道するために、選り抜きのスター記者を続々と日本に特派している。従軍を許可されて最前線に向かう記者もいれば、日本国内にとどまって記事を書く者もいた。それ以外にもさまざまな機関から、外国人が視察のために日本を訪れていた。

日本国内で戦争を実感できる場所といえば、捕虜収容所と負傷兵を収容した病院である。そこで、政府は捕虜への待遇を手厚くすることで、日本は人道国家で文明国であるとアピールしようとした。一八八六年に日本はジュネーブ条約（赤十字条約）に加盟し、一八九九年にはハーグ条約に調印している。前者は、傷病者の状態改善を目的とした国際赤十字による条約で、後者は捕虜についての取扱いを定めたものだ。開戦後はそれに加えて、一九〇四年二月十四日に「俘虜取扱規則」を定めたのを皮切りに、捕虜に関する細目を国内法として次々に法制化している。

その二月十四日の俘虜取扱規則の第一章第二条には、「俘虜ハ博愛ノ心ヲ以テ之ヲ取扱ヒ決シテ侮辱虐待ヲ加フヘカラス」とあり、第三条には「俘虜ハ其ノ身分階級ニ応シ相当ノ待遇ヲ為スヘキモノトス」と書かれている。さらに、捕虜将校には散歩の自由を認めて監視をつけないこと、捕虜の学習や運動を奨励すること、物品の購入、葬儀への参列、郵便物、捕虜の自炊などまで多岐にわたり、捕虜への気遣いもさることなから、国際世論に対する配慮がうかがえる。

こうした政府の動きに同調するように、村井弦斎は『報知』の編集長として読者に向けて、戦死者の遺族を保護する制度が必要だと説き、正義と人道ということを、記事のなかでくり返し述べている。一例を挙げると、弦斎は一九〇四年三月二十四日の同紙に「敵人の捕虜」という社説を書いているが、これは、最初の捕虜収容所が愛媛の松山に開設された直後のことだ。長いものなので、一部を抜粋して引用しよう。

戦争は軍隊と軍隊との争ひなり、武装したる兵士が互に勝敗を決するなり、武装せざる人民と人民とは常にその善隣たり朋友たるを忘るべからず、同じく是《これ》地球上の人類なり吉凶禍福あらば互に慰問慶弔して人間の同情を表すべし、況《いわん》や捕虜となつて敵国に来《きた》るものはその心情に於て憐むべきもの多きにあらずや、我が国民は我が軍士に厚うするの余力を以て敵人の捕虜を慰藉するの道を講せざるべからず

この時期の各紙の社説を調べたが、敵兵の捕虜に関して、これほど大きく取り上げたものは他に見当たらなかった。

さらに弦斎は、国外の人々に対しても、日本がロシアと戦う理由や、日本独自の思

想や文化を正しく理解してもらう必要を感じていた。このとき弦斎が、明白に対外宣伝の目的で執筆したのが『HANA, a Daughter of Japan』(花——日本の娘）という小説だった。そして、この小説の主要な人物の一人として、弦斎はロシア兵捕虜を登場させている。

収容所が提供した洋食メニュー

開国以来、日本は外国からさまざまな来賓を迎え、その対応にも慣れてきた。だが、今度は敵兵の捕虜を〝客人〟として受け入れるわけで、戸惑いも大きかった。しかも、収容人数が何人になるのか、収容期間は何ヵ月になるのかさえわからない。日露戦争で日本が得た捕虜は七万九千三百六十七人にも及び、最終的には、そこから解放者・死者・逃亡者などを差し引いた七万一千九百四十七人（一九〇五年十一月十日時点）という数字が残っている。ロシアの捕虜になった日本兵が約二千人だったのとはケタが違う。

その上、一九〇四年中のロシア兵捕虜は数千人だったが、一九〇五年一月の旅順開城で約四万四千人、二〜三月の奉天会戦で約二万人、五月の日本海海戦では約六千人が一度に捕虜になったのだからたまらない。いかに捕虜への対応でおおわらわだった

松山収容所のロシア兵捕虜と日本人（『日露戦争写真画報』1905年5月8日号より）

かは、この数字からも察しがつく。収容所の建物には、各地の陸軍兵舎・寺院・学校・博物館・民家が転用された。多少のトラブルはあったものの、七万人を超える捕虜が二十九ヵ所の収容所に無事に収容されたことが、奇跡にも思えてくる。

捕虜になったロシア兵の多くは、言葉も生活習慣も違う日本での悲惨な生活を想像して、おびえていたらしい。そんな捕虜たちが安堵したのは、食事に出されたパンと肉とスープを見た瞬間だった。異文化圏から来た人間にとって、衣食住のなかで最大の関心事は、やはり食物である。それはそうだろう。戦いに負けて心身ともに傷つき、敵国に護送されて、自分がこれからどうなるかさえわからないときに、招き入れられた部屋で温かいスープから湯気が立っているのを見れば、誰でもそれだけで安心するのではないか。

逆に、捕虜が不満を募らせる最大の原因は「食事のひどさ」だろう。そのため、日本側も捕虜の食事には相当な神経を遣っていた。才神時雄氏の『松山収容所』には、松山俘虜収容所の食事のメニューが次のように紹介されている（一部省略）。いま見ても、充分に立派な洋食だ。

《将校》朝　パンバタ付、紅茶（牛乳、サトウ付）
昼　パンバタ付、スープ玉子付、ライスカレー、紅茶
夕　パンバタ付、野菜スープ、タンカツレツ、紅茶
《下士卒》朝　パン、紅茶（サトウ付）
昼　パン、イワシフライ、人参、カブを添える、紅茶
夕　パン、マッシュ、西貢《サイゴン》米、大根、紅茶

松山収容所の捕虜たちは、毎日のように道後温泉へ湯治に出かけたが、そこではわ

ずかな代金でビスケットやミカン、柿、栗ようかん、ビールやワインまで注文できたという。二十九ヵ所の収容所のうち、この松山が圧倒的に有名だが、収容人数は二千人余りにすぎず、浜寺（約二万二千人）や習志野（約一万五千人）のほうがはるかに多い。なぜ松山が知られていたかといえば、最初に開設された収容所だということと、将校の捕虜が多かったのが理由らしい。そのため、大勢の外国人ジャーナリストが松山を訪れ、そこで目にした捕虜の厚遇について、記事や本を書くことになったのである。

それにしても、松山収容所の捕虜たちは温泉で湯治し、ビールやワインを飲み、なかには芸者遊びをする者もいた、と言うと、本当に捕虜だったのかと驚く人も多いのではないか。宮脇昇氏の『ロシア兵捕虜が歩いたマツヤマ』によると、捕虜の将校たちは官給の食材だけでは飽きてしまい、私費で炊事場を設け、コックを雇い、好みのものを調達する者まで出てきたという。

だが、それほどの自由を享受できたのは将校だけである。実は、ロシアからフランス領事を通じて、捕虜にも給料が支給されていた。その額は、尉官・少佐補で月三十円、佐官では五十円に上り、日本の同じクラスの軍人の給料を上回るほどだったらしい。一方、捕虜の下士卒に支給されたのは月一円から三円で、そこには大きな格差がある。支給された給料で捕虜将校が快適に暮らしている松山収容所の様子を、各国のジャーナリストに視察させることは、対外的な宣伝効果も高く、日本政府にとっても歓迎すべきことだったといえるだろう。

松山と他の収容所の食事もそれほど違いはない。『北国新聞』が紹介した金沢の収容所の一週間の献立のうち、水曜日の昼食・間食・夕食例を挙げておく（捕虜将校の分）。

《昼食》ベシテーフルスープ（牛骨ダシ、カブラ、ニンジン、葱）、スリンプコロツケー（海老、薯、麦粉、玉子）、菓子（カステーラ）、果物（夏蜜柑）

《間食》麦湯、果物、ビスケット

《夕食》ロースビーフ（ロース牛肉、薯）、ホックシチー（豚肉、玉葱、薯）、果物

これに、毎食白パン半斤とバターと紅茶がつくという。他の曜日も夕食には、ビーフステーキ、ビーフシチュー、ボイルドビーフ、牛タンの煮込みなどが供されている。明治三十年代の金沢でこうした西洋料理を食していた日本人は、ごく一部だった

だろう。日本の庶民の多くが、牛肉やパンなど口にできない状況で、捕虜には米飯、魚、味噌汁ではなく、肉やパンやスープを提供していたという事実は、驚きに値する。

将来の食糧問題を予見する小説

ロシア兵捕虜たちが日本の娘に恋心を抱いて、結婚を望んだという話も各地に残っている。とくに、優しく世話をしてくれる白衣の天使、看護婦に胸をときめかせた捕虜は多く、村井弦斎も『HANA』の題材をそこからとっている。

だが、近代文学に関する文献を見ても、『HANA』については一行も書かれていない。というのも、この小説は最初から海外向けに執筆され、英語版しか存在しないからだ（訳者は川井運吉）。発行は日露戦争のまっただ中の一九〇四年十月。帙《ちつ》入りで、多色刷り木版画で飾られたこの和装本は、日本ではめったに見かけない〝幻の本〟だが、海外の古書店では二万〜六万円くらいの古書価がついている。私の手元にある二冊も、いずれもアメリカの古書店から購入したものである。

弦斎は採算を度外視して、この本を外国人の目を惹くエキゾチックな美術品のように仕上げた。しかも、一千五百部の制作費用として三千二百八十円を支払った領収証が残っていることから、『HANA』は自費出版だったこともわかっている。現在の貨幣価値に換算するとおよそ一千六百万円の大金だが、弦斎はこの本のために、『食道楽』で得た莫大な利益をつぎ込んだのだった。

『HANA』のストーリーは、現実と同時進行するように日露戦争前から始まり、現実を追い越して、終戦後までが描かれている。ヒロインの花子は、日本に滞在していたロシア人ダンスキーに片思いされるが、彼女はアメリカ人コナーに好意を抱く。母国に戻ったダンスキーは開戦後、日本軍と戦って捕虜となり、捕虜慰問会の活動に加わった花子は、偶然ダンスキーと再会する。ダンスキーの強引な求婚に花子は悩むが、コナーに救われ、終戦まで赤十字の看護婦として戦地で活躍し、最後にコナーと結ばれる。このように、三人の登場人物を、当時の日本人が願っていた日米露三国の関係に見立てて描いたようなストーリー自体は、とくに目新しいものではない。

村井弦斎の英文小説『HANA, a Daughter of Japan』(1904)

ただし、小説の途中で出征した花子の

兄が「戦争とはひどいものだ」とつぶやき、ロシアの軍艦に日本の水雷が命中して兵士が喝采すると、上官が「喜ぶな。人が死んでいるんだぞ」とたしなめる場面なども挿入されている。また、「戦争が終わった」とだけ書いて、弦斎は勝敗には触れていない。

さらに面白いのは、この小説のヒロイン花子の父親が「食医」であり、食事療法によって病気を治すという設定だ。父の仕事を手伝う花子は、コナーのために料理をつくり、日本料理について質問されると、食材から料理法まで丁寧に答えている。つまり、ある意味で『HANA』は、『食道楽』の〝国際版〟ともいえる小説なのだ。しかも、コナーはこんなことも述べている。今後、人間が牛肉を食べ続けると、牛を飼育するために広い牧草地を確保しなければならない。一方、世界の人口はますます増大するので、牧草地が足りず、食用肉を供給できなくなる恐れがある。だが、広大な海がなくなる心配はなく、昔から日本人は、その海の恵みである魚介類を工夫して食べてきた。肉食に偏っている欧米人に、魚や海草の料理法を紹介すれば、必ず歓迎されるだろう、と。

昨今、世界的な問題になったBSE（牛海綿状脳症、狂牛病）は、牛に牧草を与える代わりに、安価な肉骨粉を飼料に混ぜて食べさせたことが原因だといわれるが、弦斎はすでにこうした食糧問題を予見していたのである。『HANA』の最後で、コナーと結婚した花子は渡米後、父が開発した料理法の普及に力を注ぎ、コナーと共に日米の架け橋となって活躍する。百年後の現在、アメリカで低カロリーの日本料理や寿司が大ブームだと聞くにつけ、弦斎の先見性に脱帽したくなる。

弦斎は『HANA』を、世界の主要な新聞社や雑誌社に送付した。現在、当時、二十以上の新聞・雑誌に『HANA』の書評が掲載されたことが確認されており、当時、最も権威があったイギリスの『The Times Literary Supplement』（タイムズ文芸付録）にも『HANA』の書評が載っている。二十世紀初頭の世界における日本のイメージといえば「フジヤマ、ゲイシャ」で、歌劇「蝶々夫人」が欧米で人気を博していたことなどを考えても、『HANA』の書評を通して、それとは違う日本の姿を印象づけることができた意義は大きい。対外宣伝としても、それなりの効果を上げたのではないか。

弦斎は当時、『食道楽』が飛ぶように売れたことで、文壇では「金儲けが上手な弦斎」などと散々悪口を言われていた。『The Times Literary Supplement』に弦斎の小説の書評が載っているのを見た鈴木三重吉は、「これまでは随分変なものだけが、日本の代表的文学として翻訳されてゐた」などと皮肉っている。だが、弦斎は「日本人の精神を外国に知らせる」という目的でこの小説を執筆したのであり、決して、自分の文名を上げるために書いたのではなかった。

日露戦争中の文芸誌に掲載されている創作を見ると、愛国心を鼓舞するような軍事色の強い作品が目立つ。田山花袋《たやまかたい》や半井桃水《なからいとうすい》のように従軍した作家もいる。だが、正宗白鳥が『中央公論』（一九五七年七月号）に「日露戦争時分の文壇」と題して「『君死にたまうこと勿れ』の、晶子の戦争逃避詩を別として、日露戦役時分に、どんな戦争文学が産出されていたのだろう。今追懐しても思い出せない」と述べているように、日露戦争を主題にした優れた文学作品は誕生しなかった、といえるのではないか。そのなかで、文学としての評価は別にしても、世界の一流紙・誌に取り上げられ、海外の人々に日本人の〝心〟を伝えた『HANA』という作品が存在していたことは、再認識されていい。

自宅でロシア兵捕虜を饗応する

前述したように、二十九ヵ所あった捕虜収容所のなかで、平塚の弦斎の自宅に最も近いのが、徳川慶喜の屋敷だった建物が使われた静岡収容所である。慶喜は一九一三（大正二）年に没するまで、静岡で隠棲した。ここには将校と下士卒がほぼ同数の三百十九人が収容され、松山と同様に捕虜将校が多かった。

日露講和成立後の一九〇五年十月、その静岡収容所にいたL・N・コブラーノフ大尉とL・V・カプースチン少尉という二人の捕虜が、弦斎の自宅に滞在している。静岡収容所の通訳官か弁護士が弦斎の知人だった関係で、外泊が許可されたらしい。

弦斎の妻の多嘉子によると、弦斎は昔覚えたロシア語を活かして、彼らを手厚く歓待し、三日ほど自宅に泊めた。その間は巡査が日に一度来るくらいで、寛大なものだったそうだ。捕虜の二人は、一万六千四百坪の広大な邸宅に迎えられて、どれほど自由な気分を味わったことだろうか。二人は弦斎と一緒に近くの馬入川《ばにゆうがわ》で鮎漁を楽しみ、多嘉子の手作り料理に舌鼓を打ったという。じつはこの多嘉子こそ、『食道楽』のヒロインのモデルである。多嘉子は得意の手料理で二人のロシア人をもてなした。『食道楽』に登場する鮎料理の数々も、献立に含まれていたことだろう。面白いことに、捕虜たちはパセリを大変喜び、皿に山盛りで出すと、むさぼるように食べたそうだ。収容所では、新鮮な生野菜が不足していたのかもしれない。

その後、コブラーノフとカプースチンが収容所から弦斎に送った書簡も三通残っている。そこには、料理が美味しかったことや『HANA』と『食道楽』を贈られたことへの謝辞、さらにはレールモントフやトルストイの名前も見え、文学面での交流もうかがえる。当時、ヨーロッパの社会には、親しい友人同士が肖像写真を交換する風習があったが、手紙にはコブラーノフの肖像写真も同封されていた。その台紙は日本の写真館のもので、弦斎に送るためにわざわざ撮影したらしい。スーツを着用してポーズをとるコブラーノフは、軍人ではなく学者のように見える。実際にインテリだったらしい彼は、母国の文学について、思いがけず日本人の弦斎と語り合えたことを喜び、日本の印象を一新したのではないか。

美食家から断食研究家へ

日露戦争中の弦斎の食にまつわるエピソードを、もう一つ挙げておこう。一九〇五年二月に、弦斎は『報知』発刊一万号到達記念事業として、歌舞伎座を借り受けて二十五日間の興行を打っている。その演目の一つが『食道楽』で、ヒロイン役の尾上梅《おのえばい》幸《こう》（六代）が、舞台でシュークリームなどをつくって一等と二等席の観客に進呈し、大きな話題を呼んだ。宣伝のためだけでなく、ガスによる調理の便利さをPRする意図もあったらしく、わざわざ舞台の下にガス管を引いたという。それにしても、舞台でシュークリームをつくるという奇抜な趣向は、歌舞伎座の歴史でも空前絶後のことだろう。

しかし、このころから、弦斎と報知社社主の三木善八との関係が悪化する。『報知』はまるで〝食道楽新聞〟だ、と弦斎を批判する声も出てきていた。一九〇六年、弦斎は報知社を辞め、実業之日本社が創刊した月刊誌『婦人世界』の編集顧問に迎えられた。以後、『婦人世界』に評論家として二十年間執筆したが、小説は例外的に二篇を連載したにすぎず、人気の頂点であっさり小説の筆を折ってしまったのである。

それだけではない。美食家として名を馳せた弦斎は、その後、断食研究に没頭するようになり、三十五日間の長期断食を実行して、そのレポートを『婦人世界』に連載する。さらに、青梅市の御岳《みたけ》山中で半年間も穴居生活を試みるなど、次第に世間から奇人視されていった。「食と身体」の関係を究極まで追究しようとした弦斎は、人気作家だったことも忘れられた状態で、一九二七（昭和二）年に没している。

だが、二〇〇五年六月に食育基本法が成立すると、〝忘れられた作家〟だった村井弦斎の名前が急浮上することになった。なぜなら、百年余り前に執筆した『食道楽』のなかで、弦斎がすでに「食育論」を説いていたからだ。ただし、これはスペンサーの教育論に登場する「智育・徳育・体育」をもじった造語だった。村井弦斎はある意味で、「時代に先駆けすぎた」人だったのである。

第十章　ガーター勲章と宮中晩餐会
——明治天皇（2）

「玉の輿」と称された日英同盟

幕末の動乱期に十四歳で践祚した天皇睦仁は、近代日本の歩みと一体となって生き、内乱を乗りこえ、日清・日露の二つの国際戦争にも勝利する。二十世紀初頭、日本は世界の強国の一つと認められるまでになった。それは、信じられないほどの躍進だったといえるだろう。

十九世紀のヨーロッパでは、王室による宮廷外交が盛んに行われていた。明治政府も天皇に〝皇室外交〟という新たな役割を期待する。天皇こそが「脱亜入欧」をめざす日本のシンボルであり、最大のスターだったからだ。当時、外交につきものの饗応の食事は、フランス料理が一種の世界共通語になっていた。日本もそれに従って、宮中晩餐会では日本料理ではなくフランス料理が供されることになった。

そのため、天皇は慣れない洋服に身を包み、食べ慣れないフランス料理を食べ、ホストとして、外国から来日する使節や賓客と握手をし、歓迎の挨拶を述べ、もてなさねばならなかった。最初のころはぎこちなく見えたふるまいも、場数を踏むことで次第に自然になり、洋装も板についていったのだろう。ただし、公務以外のときに天皇が食べていたのは、相変わらず日本料理だった。

政府発足後、最大の懸案だった不平等条約も、一八八九（明治二十二）年のアメリカに続いて、ヨーロッパの主要国とも条件改正の調印に成功する。最後に残ったのが、世界の大国中の大国であるイギリスだった。この交渉は長引き、一八九四（明治二十七）年の第二次伊藤内閣の陸奥宗光外務大臣のときに、ようやく調印にこぎつけている。それが発効したのは、五年後の一八九九年のことだ。

明治天皇

世界の列強諸国の日本への注目は、一八九四年に始まった日清戦争で日本が圧勝したころから高まっていた。その日清戦争から十年後、日本は大国ロシアとついに戦端を開く。日清戦争後の三国干渉で遼東半島を返還させられ、一九〇〇年の北清事変後も満州から軍を撤退させようとしないロシアと緊張関係を続けてきた日本にとって、日露戦争は避けがたいものだったともいえる。

とはいえ、欧米から見れば、当時の日本は極東の小さな島国に過ぎず、日露戦争でのロシアの優位は疑いようもなかった。ただし、インドを植民地としていたイギリスは、ロシアのアジア進出を牽制する勢力になることを日本に期待していた。イギリスが日本と同盟協約を締結したのはそのためだった。

一九〇二年に日英同盟が成立すると、日本の民衆は「玉の輿」と称して歓喜し、国中がお祭り騒ぎとなった。それも無理はない。当時、イギリスは、世界の陸地の約四分の一を支配するといわれる大国であり、一方の日本は、鎖国を解いて五十年足らずの小国にすぎなかったからだ。

外国王族を歓迎する天皇の饗宴

日本の皇室とイギリス王室との間では、かなり早い時期から互いに訪問して、親善外交が行われていた。一八九〇（明治二十三）年四月には、ビクトリア女王の第三王子のプリンス・アーサー・デューク・オブ・コンノート親王が妃とともに来日している。このとき、コンノート公は世界漫遊の旅の途中での訪問だったため、公式な礼遇は辞退したが、政府はコンノート公の一行を各地に案内し、歓迎会を開いて手厚くもてなした。コンノート公夫妻は天皇・皇后とも会見し、宮中の饗宴にも招かれている。

実はその前年まで、天皇も皇后も赤坂離宮に仮住まいをしていた。一八七三（明治六）年の火事で、旧江戸城だった皇居の大半を焼失したためだった。新しい宮殿が完成して天皇が赤坂離宮から移ったのは十六年後の一八八九年で、このころより皇居は「宮城」と呼ばれるようになる。その宮殿も一九四五（昭和二十）年の空襲で焼けてしまったが、内装は和洋折衷で、調度品や家具などは非常に豪華なものだったらしい。「宮城」という呼称が廃止されたのは一九四八年である。

コンノート公夫妻を歓迎する晩餐会は、一八九〇年五月七日にこの新しい宮殿の千種の間で行われた。秋偲会編著『天皇家の饗宴』によれば、当日のメニューは次のようなものだったという。もちろん本格的なフランス料理で、非公式な饗宴とはいうものの、メニューを見る限りではかなりの豪華版だ。

ポタージュ・ロワイヤル風
コンソメ・クネル入り

魚料理・シャンボール風
うずらケース詰め仕立て
牛肉小型ステーキ庭師作り
うさぎフィレー肉ジュネーブ風ソース添え
羊肋間肉ビィルロワ作り
鵞肝のパイ
シャンパン酒のポンチ
アスパラガス、さやえんどう
若い七面鳥のロースト、サラダ
二重鍋に入れたプラムプディング
クリーム氷菓の取合せ

フルコースでかなりのボリュームである。スープ、ポアソン（魚料理）、アントレ（数種の肉料理）と続き、口直しのポンチ（洋酒に果汁や砂糖を加えた飲み物）が出る。これだけで満腹しそうだが、さらにロティ（肉の蒸し焼き料理）、サラダ、最後にデザート。当時、こうした儀礼の意味をもつ料理は、いわばその国の文化度を示す指標であり、相手に対するメッセージにもなっていたといえる。そのため、量的にも十分すぎるほどのご馳走が用意されたのだった。

ちなみに、現在ではフルコースでもアントレとロティのどちらか片方を省略することが多く、宮中晩餐会のフランス料理も、オードブル、スープ、アントレ（主菜）、サラダ、デザートで終わることが多いようだ。忙しい現代人は、食事に何時間もかけることを好まなくなったともいえるだろう。また、健康のために、軽い料理が好まれるということもあるのではないか。

この晩餐会の翌日、天皇の名代がコンノート公が滞在する駐日英国公使館を訪問し、公には大勲位菊花大綬章を、妃には勲一等宝冠章を贈っている。これも、ヨーロッパの宮廷外交の儀礼に習ったものだ。江戸時代の日本には、勲章などというものは存在しなかったが、明治新政府が、国に対して功績のあった者に授与するために創設したのである。

一方、ヨーロッパにおける勲章の歴史は古い。そして、十九世紀以降、王侯たちがもっとも名誉とし、授与されることを待望したのが、イギリスのガーター勲章だった。明治天皇も、ガーター勲章受章候補者の一人として、このとき国際外交の熾烈な表舞台に立つことになった。

「靴下どめ」に由来する最高位の勲章

ガーター勲章とは、「ブルーリボン」という愛称をもつイギリスの最高位の勲章である。君塚直隆氏の『女王陛下のブルーリボン——ガーター勲章とイギリス外交』によれば、イギリスはこの勲章を用いて、国際政治のなかで外交戦略や駆け引きを繰り広げてきたのだという。

「ガーター」という名称は、誰もがすぐに思い浮かべる通り、「靴下どめ」に由来する。十四世紀半ば、イングランド国王主催の舞踏会で、ある伯爵夫人が国王と踊っていた最中にガーターを落としてしまう。これは、当時の社交界で最も無作法とされることだった。周囲が嘲笑するなかで、国王はそのガーターを拾い上げて自分の膝につけ、「悪意を抱く者に災いあれ。余はこのガーターを最も名誉あるものとしよう」と宣言する。こうして、伯爵夫人の名誉は回復され、ガーターというユニークな名前をもつ勲章が誕生した。

現在、ガーター勲章は黄金製の頸飾・頸飾の先端の記章・星章・大綬章・ガーターの五つの部分からなり、ガーターは男性の場合は左膝に、女性は左腕につけるという。

中世・近世のイングランドはヨーロッパの西の辺境国にすぎず、ガーター勲章のステイタスも低かった。しかし、スコットランドと合同してグレート・ブリテンとなり、ナポレオン戦争での勝利をきっかけに、イギリスはヨーロッパの大国として認められ、十九世紀前半には世界の超一流国に躍進する。同時に、それまで見向きもされなかったガーター勲章は、世界中の君主が憧れるものになった。それを授与されるのは、イギリスから友人と認められたことにも等しいからだ。

ガーター勲章が授与されるかどうかは、国際政治にも影響力をもつようになる。ビクトリア女王の時代には、「非キリスト教徒の君主には授与しない」という原則を破って、クリミア戦争でロシアと戦ったトルコの皇帝に初めてガーター勲章が贈られた。この戦争ではイギリスもトルコ側について、ロシアと敵対していたからである。その後、異教徒の君主も授与を期待するようになるが、ヨーロッパ各国の王侯たちがガーター勲章のリスト待ちをしているのに配慮して、一八七三年のペルシャ皇帝への授与を最後に、キリスト教徒に限るという原則に戻された。

日英同盟が成立した一九〇二年は、ビクトリア女王の次のエドワード七世の時代である。同年八月に新国王の戴冠式が行われ、外国の王族へのガーター勲章授与が検討された。イギリス政府の外相は、この機会に異教徒のペルシャ皇帝や日本の天皇にもガーター勲章を贈れるように、規定を変更してはどうかと提案する。国王はこれを却下したが、その決定を知ったペルシャ皇帝が不満を抱く。当時、ペルシャはイギリスにとって重要な産油国であり、その皇帝の機嫌を損ねるわけにはいかない。問題はこじれたが、ついにイギリス国王が譲歩して、ペルシャ皇帝にガーター勲章を贈ったのだった。

日本政府も、天皇へのガーター勲章の授与を働きかけている。一九〇三年には、駐英公使の林董《ただす》がイギリス外相に、「天皇はすでに、イギリスとオーストリアを除くヨーロッパすべての最高勲章を授与されています」と伝えている。暗に催促しているようなものだが、前年のペルシャ皇帝の一件が尾を引いて、このときガーター授与の知らせはなかった。

天皇に再びチャンスがめぐってきたのは、言うまでもなく日露戦争に勝利したときだった。一九〇五年一月に旅順が陥落した時点で、イギリスでは「ミカドにガーターを与えるべきか」が検討されはじめ、国王も今度はすんなり決定を下した。そして、同年十月に日本政府に吉報が届いたのである。

外賓の接待が嫌いだった天皇

本来、ガーター勲章は訪英して国王から直接受けるのが原則だったが、天皇が日本を離れるのは難しいという事情があり、イギリスからガーター・ミッションが派遣されることになった。国王が団長に選んだのは自分の甥で、十五年前に日本を訪問したコンノート公の長男のアーサー王子だった。また、かつて駐日公使パークスとともに天皇に謁見した外交官のミットフォードが、その首席随員を命じられた。ミットフォードは、この三度目の日本訪問についてもくわしく書き記している（長岡祥三訳『英国貴族の見た明治日本』）。

ガーター・ミッションがイギリスを出発したのは、日露戦争が終わった翌年の一九〇六年一月である。これまでにも、イギリスの王族が来日したことは何度かあったが、国王の名代として訪問したのはアーサー王子が初めてだった。そのため、二月十九日に使節団が到着すると熱烈な歓迎が行われた。当時、五十三歳だった天皇は、自ら新橋停車場のプラットホームに足を運び、二十三歳のアーサー王子を迎えた。これまで、こうした場合に天皇が新橋へ行幸したことはなかった、とミットフォードは驚きをこめて、その事実を記しているほどである。

翌二十日、王子の一行は天皇にガーター勲章を奉呈するために宮城を訪れた。大広間には皇族、侍従長、宮内大臣、元老、首相に就任したばかりの西園寺公望をはじめ政府要人、陸海軍の大将、宮内勅任官などが並び、その反対側には英国大使、大使夫人、大使館員とその夫人たちが並んでいた。天皇は大元帥の正装に身を包み、玉座の前に立っていた。

王子と天皇の間で挨拶が交わされ、勲章の奉呈式に移った。王子は天皇の左足の膝下にガーターをつけ、左肩から右脇下に大綬章をかけ、星章を左胸につけ、頸飾章を首にかけた。奉呈式が終了すると使節団は退出し、天皇は答礼のために王子を宿舎に訪ねて、大勲位菊花大綬章を授与した。これは日本の最高位の勲章で、それまでに二十数人にしか授与されていない。

その晩、宮中晩餐会が華やかに催された。ミットフォードによれば、晩餐は非常に素晴らしく、しかも長時間はかからなかったらしい。一八九〇年にコンノート公に供したときより、料理の品数は少なくなっていたのだろう。デザートが出ると、天皇は立ち上がってイギリス国王のために乾杯の音頭をとった。ミットフォードは、天皇が乾杯の音頭をとったのはおそらくこれが初めてで注目に価する、とも書いている。

以上のミットフォードの記述からは、天皇が念願の勲章を手にして喜んでいた、としか思えない。だが、『明治天皇紀』や、侍従だった日野西資博の『明治天皇の御日

東京市主催のアーサー王子歓迎会会場（日比谷公園）（『近事画報』1906年3月15日号より）

アーサー王子とガーター勲章（『近事画報』1906年3月1日号より）

常』は、それとはまったく異なる天皇の姿を伝えている。

『明治天皇紀』によれば、天皇はガーター勲章の授与が決まったことを知ると、宮内大臣の田中光顕を呼んで、イギリスから使節を迎えるのは厭苦《えんく》を禁じ得ないので、なんとか断るように、と命じた。田中は愕然として、すでにアーサー王子は本国を出発しており、国際上の盟邦を失うことにもなるので、断じてそれは許されない、勲章は受け取るしかない、と天皇に懇願したというのである。

このときに限らず、天皇は外賓の接待が嫌いで、つねに不機嫌そうな顔をしていたらしい。しかし、いざ接待の場に臨めば、賓客にそうした表情を見せることはなかったという。ミットフォードを感激させた新橋停車場への行幸も、首相の西園寺公望は横浜港で王子の船を出迎えてほしい、と何度も奏請していたのだが、天皇はしぶしぶ新橋まで行くことを承知したのだった。

知られざるエピソードがもう一つある。アーサー王子は、天皇の膝下にガーター勲章をつけようとしたとき、緊張のあまり、誤って自分の指を針で刺してしまった。そのため、勲章に血がついたが、天皇は何事もなかったかのようにふるまった。あとで、枢密顧問官の末松謙澄らにその話をして、王子の冷静沈着な態度を讃え、勲章についた血の痕を見せたという。日野西によれば、天皇は奉呈式が終わって勲章を外すとき、大笑いしていたそうで、その様子は「なんだ。こんなものを」とでも思っているようだったという。勲章などはどうでもいい、というのが天皇の本音だったようだ。

西園寺公望の日本料理とゲイシャの宴席

ガーター勲章奉呈式当日の宮中晩餐会のメニューはわからなかったが、その代わりに、首相の西園寺公望が主催したアーサー王子への饗応のメニューが、当時の『月刊食道楽』という雑誌に紹介されていた。これは、麹町区有楽町の三井集会所で開かれたもので、伝統的な本膳料理である。調製したのは日本橋浜町の「花屋敷常磐屋」。イギリス人の王子の口に合うように献立から刺身は除き、魚類や野菜類も一部を変更したという。

第一の膳

［鱠《なます》］鯉、蕪骨《かぶらぼね》、岩茸《いわたけ》、千生姜《せんしょうが》

［小猪口］煎酒《いりざけ》

［汁］袋蠣《ふくろかき》、摘和布《つみわかめ》

[香の物]細根大根、奈良漬瓜、味噌茄子
[坪]鴨しんじょ、辛味大根、口《くち》木の芽、御飯、御銚子台

第二の膳
[向附]車海老、雲丹《うに》焼、河茸《こうたけ》
[汁]鼈《すっぽん》、水生姜
[平]白魚大根巻、錦玉子《にしきたまご》ぜんまい
[猪口]平貝、黒慈姑《くわい》黄味酢合、けん防風

第三の膳
[口取]日の出蒲鉾《かまぼこ》、カステラ玉子、蕨手細魚《わらびてさより》、小鴨附焼青串、雪輪長芋、共《とも》糸掛栗金団《いとかけくりきんとん》、水晶昆布
[鉢]鱒塩焼、鱚《きす》黄味焼、木賊独活《とくさうど》、酢取生姜
[代鉢]乾烏賊《ほしいか》花菜辛合

第四の膳
[茶碗蒸]鰻、銀杏《ぎんなん》
[台重物]筍、木の芽合
[中皿]鶉《うずら》寄焼、百合塩煮

［寿々目肴］伊勢海老船盛、鮃《ひらめ》昆布〆、莢豌豆《さやえんどう》青煮
第五の膳
［焼物］八寸鯛塩焼
［菓子］蒸菓子、水菓子
［引物］念入二重折詰（上は干菓子、下は蒸菓子）

料理を盛りつける食器は、英国の徽章《きしょう》とアーサー王子のイニシャルのAの字を金粉の高蒔絵《たかまきえ》でデザインした特製品が用意された。ミットフォードはこの晩餐会について、「日本風の素晴らしいご馳走」が出たと書いている。残念ながら、味に関する感想はなかったが、「東京の選り抜きの売れっ子芸者が給仕をすべて務めてくれた」という。

その記述の先には、「可愛い芸者たち」を賞讃する文章がずっと続いている。ミットフォードによれば、英語が少し話せる秋子というきれいな新橋芸者がいて、イギリス人ともさかんに喋るので人気を集めていたらしい。

こうした日本の饗応の場にはつきものの〝ゲイシャ〟について、ミットフォードは、「その落ち着いた態度、無邪気さ、しとやかな振る舞い、機知に富み、いつでも

当意即妙の受け答えができることなどは、職業柄熟練している踊りや歌と同様に、まことに素晴らしいものだった」と絶賛している。

この宴席を開いたのが、フランスに十年間も滞在して、洗練された西洋の文化を身につけていた西園寺公望だったのは興味深い。フランス料理ではなく、あえて日本料理で接待したところに西園寺流の美学があるようだ。

はたして二十三歳のアーサー王子は、フランス料理の宮中晩餐会と、ゲイシャつきの日本料理の宴会と、どちらがお気に召したのだろうか。

第十一章　稀代の食通だった〝風流宰相〟

——西園寺公望

首相の文士招待会「雨声会」

明治の政治家というと、伊藤博文を筆頭に、下級武士から〝成り上がった〟というイメージが強い。そのなかで、公卿の西園寺公望は異色の存在だといえる。

初代総理大臣に就任した伊藤博文の内閣以来、長州と薩摩の藩閥代表者による政権交代が常態になったため、薩長のしがらみと関係ない西園寺公望内閣は、藩閥政治にうんざりした国民から歓迎された。また、一八四九（嘉永二）年に生まれて一九四〇（昭和十五）年に没するまで、満九十一歳という長寿を全うした西園寺は、孝明・明治・大正・昭和の四人の天皇に仕えた唯一の政治家でもある。

日露戦争が終わった翌年の一九〇六年から、西園寺は二度組閣して、桂太郎と交互に首相を務めた。その間、政治とは別の面で世間の注目を集めたのが、西園寺が開いた盛大な文士招待会である。のちに「雨声会《うせいかい》」と名づけられたこの宴は、文士側の首相招待会（一回）も含めて計七回開催された。

第一回は一九〇七年六月十七、十八、十九日の三日間、駿河台の西園寺の自邸で開かれている。このとき招待状を受け取ったのは、当時を代表する文士たち二十人——小杉天外、小栗風葉《ふうよう》、塚原渋柿園《じゅうしえん》、坪内逍遙、森鷗外、幸田露伴、内田魯庵《ろあん》、広津柳浪《りゅうろう》、巌谷《いわや》小波《さざなみ》、夏目漱石、大町桂月、後藤宙外《ちゅうがい》、泉鏡花、柳川春葉《しゅんよう》、徳田秋声、島崎藤村、国木田独歩、田山花袋、川上眉山《びざん》、二葉亭四迷だった。

西園寺公望

その発端については諸説あるが、木村毅編『西園寺公望自伝』で、西園寺自身が

「雨声会（文士招待）の催しは、あゝ仰山《ぎょうさん》に評判されたが、国木田がすゝめたのがもとです。後になって、竹越と横井が世話をした。（中略）当代の小説家と親しく交わっ《ママ》てみる気になつたのです」

と語っている。人名はそれぞれ国木田独歩、竹越三叉《さんさ》、横井時雄のことだ。

国木田独歩は、『報知新聞』の政治記者だった一八九九年ごろから西園寺の知遇を受け、一時は西園寺邸の食客にもなっていた。独歩がいつ、文士を集めて話を聞くことを西園寺に勧めたのかは不明だが、これまであまり指摘されてこなかったのが、一九〇二年に始まり、「龍土会《りゅうどかい》」と呼ばれるようになった文士の会合と、この雨声会との関係である。

龍土会は自然主義作家を中心に文士と画家が集まったサロン的な会で、会場に使われた麻布のフランス料理店「龍土軒」（商標登録で土に点がついている）にちなんで命名された。正宗白鳥は、「龍土会は、私の知つてゐる文壇的会合のうちでは、最も面白い会合であつた」と評している。

参加者は十数人から多いときで二十数人にもなり、座談の名手といわれた国木田独歩は、この龍土会における中心的存在だった。会が終わると、出席者が全員で寄せ書きをしている点も雨声会と同じである。しかも、前出の二十人の招待者のなかには、独歩、田山花袋、島崎藤村、広津柳浪、小栗風葉、柳川春葉、徳田秋声という龍土会の中心メンバーが、七人も含まれている。

西園寺はこの龍土会の話を独歩から聞いて、興味を覚えたのではないか。ただし、自然主義の作家が大半を占める龍土会のメンバーだけでは、首相の招待会としては具合が悪い。そこで、当時『読売新聞』の主筆だった竹越三叉に、人選を任せたのだろう。竹越は、部下の近松秋江《しゅうこう》（当時は徳田秋江）に候補者リストを作らせた。そのリストから何人かを入れ替えて、最終的に前記の二十人が招待されることになった。

招待を断った三人――逍遙、四迷、漱石

二十人の文士の元に届いた西園寺の招待状は、唐突ながら我が国の小説に関してお話を拝聴したい、ついては粗飯を差し上げたい、という非常に丁重なものだった。ところが、時の首相からのこの招待を、きっぱりと断った文士が三人いた。坪内逍遙、二葉亭四迷、そして夏目漱石である。

坪内逍遙は当時、誰もが認める文壇の重鎮だったが、多忙であることや旅行を理由に、出席を断っている。こうしたことには関わらないほうがいい、という判断もあったようだ。二葉亭四迷は文壇とは距離を置いていて、文士と呼ばれることさえ嫌がっていたくらいなので、躊躇なく拒絶している。

夏目漱石は一ヵ月前に『東京朝日新聞』に「入社の辞」を発表して、同紙に第一作『虞美人草』の連載を始める直前だった。文壇では新顔だった漱石だが、『吾輩は猫である』などが人気を呼び、東京帝国大学の講師を辞して新聞社の専属文士になったことで、世間の耳目を集めていた。

実は、『東京朝日』より先に漱石を入社させようとして、失敗したのが『読売』の

竹越三叉だった。その『読売』が背後についている文士招待会を、漱石は一蹴したことになり、六月十五日付『東京朝日』は得意気にそれを報じている。

漱石氏が往訪の記者に語れる処によれば目下一切の来客を謝絶して熱心執筆中なる小説虞美人草の根に培《つち》かひ葉に灌《みずそそ》ぐに苦辛《しん》甚しく、此卯の花垣を出づる一刻なれば我責《せめ》を空しうする亦一刻の感ありとて遂に遺憾ながら侯爵へ宛て辞退の返簡を出《いだ》せりといふ、其書簡は予て陶庵侯が俳句の造詣深きを識《し》れるを以て、左の一句を以て是を結べりとぞ、

杜鵑《ほととぎす》厠《かわや》なかばに出かねたり　漱石

このように、首相直々の招待をあっさり袖にした逍遙、四迷、漱石の三人に、世間は拍手喝采した。三人は最後まで雨声会には一度も出ず、欠席で通している。

珍味佳肴、美酒、美妓の宴

第一回の文士招待会は六月十七日から三日間、十七人の文士が三グループに分かれて、夕刻に西園寺公望の自邸に集まっている。料理は日本食で座順は到着順、新橋か

駿河台の西園寺公望邸（共同通信社提供）

ら呼ばれた七、八人の芸妓が座を盛り上げた。

一日目は八人が招かれていたが、逍遙、四迷、漱石の三人が欠席で、広津柳浪、川上眉山、小栗風葉、柳川春葉、田山花袋の五人が出席した。二日目は森鷗外、小杉天外、後藤宙外、泉鏡花、巌谷小波、徳田秋声の六人、そして、三日目は内田魯庵、島崎藤村、塚原渋柿園、国木田独歩、大町桂月、幸田露伴の六人だった。

六月二十日付『国民新聞』に、二日目の料理の献立が掲載されている。料理は日本橋の料亭「常磐屋」が出張して用意し、最高級の日本酒とシャンパンなどが出されたという。

本膳＝吸物（石鰈《いしがれい》、火取り根芋）
口取（鯛の昆布〆、車海老の雲丹《うに》焼、隠元の青煮）
刺身（おこぜ湯ぶり、独活《うど》）
鉢肴（鮎の塩焼、蓼《たで》酢）
茶碗（鼈《すつぽん》）
中皿（南瓜《かぼちゃ》五目蒸）
取肴（生貝塩蒸、青唐辛子附焼）
会席＝向（鯵《あじ》、山葵《わさび》、甘酢）
汁（蓴菜《じゅんさい》、水辛子）
飯、椀（蕎麦切豆腐）
焼肴（鱚《きす》の醤油ぼし）
漬物（白瓜、茄子）

「粗飯」どころか、かなり豪華な饗応である。珍味佳肴に舌鼓を打ち、美妓のお酌で美酒を飲めば、座がなごまないはずがない。酒が入るにつれてその場の堅苦しさは消え、酔った文士による余興も飛び出した。

二日目からは出席者による寄せ書きが行われたが、書かれたのは、ほとんどが川柳のようなものだった。巌谷小波によると、西園寺は「まつ甲斐の姿を見たり時鳥《ほととぎす》」と書いたという。これは、前出の漱石の手紙に書かれていた「杜鵑厠なかばに出かねたり」に呼応する句だが、欠席した漱石とその夜集まった客人の両方に配慮し、なおかつ、漱石の不在を残念がっている西園寺の心情が伝わってくる。

こうして三日間の文士招待会は無事に終了し、西園寺は〝風流宰相〟の名を高めることになった。その後、雨声会は文士たちが答礼の意味で首相を招待した第二回（同年十月十八日、芝の紅葉館）を除くと、西園寺が私費で文士たちを招待する形で継続した。第三回以降の会場には、築地の瓢《ひさご》屋と日本橋の常磐屋という一流料亭が使われている。

一九一一年十一月十九日付『東京朝日』は、常磐屋で十七日に開催された第六回雨声会の様子を、次のように報じた。

▲お酌と馳走（中略）酒は醇なる桜正宗、吸物の塩鴨、口取の鶉《うずら》、後段に出たる向附の柚味噌の洒落たる珍味佳肴何一つ甘からぬはなし、芸妓は新橋で西園寺侯お

馴染のおしん、桃子を始めとして清香、秀松、おこい、直次、さよ、老松、〆子、
桃千代、丸子、和子、升代、のぼるに照葉、栄龍の二名花を加へたり

これは、中国で辛亥革命が起こった翌月で、アジア全体が騒然としている最中だった。そのため、『東京朝日』は文中で、「日本に総理大臣たる西園寺侯はのん気なもの、小説家文士の一部を一昨夜浜町の常磐に招いて第六回の雨声会を催し胸中斯《かく》の如き閑日月《かんじつげつ》あるを示されたるは目出度《めでた》しとも目出度き限りにこそ」と批判している。結局、一九一六(大正五)年四月十八日の第七回を最後に、雨声会は自然消滅した。

歴代首相でとび抜けて長い海外経験

〝風流宰相〟と呼ばれた西園寺公望は、どんな人物だったのだろうか。彼は徳大寺家の次男に生まれたが、二年後に、跡継ぎがいなかった西園寺家を継ぐことになり、養父に続いて養母も早世したため、十歳足らずで西園寺家の長となった。

当時、公卿家のなかで家格が最も高いのが摂家、それに次ぐのが清華家で、その下にさらに多くの公卿家があったが、徳大寺家も西園寺家も清華家である。つまり、西園寺公望は、同じ公卿のなかでも名流中の名流だといえる。

西園寺公望の実兄は、明治天皇の侍従長を長く務め、後に内大臣も兼任した徳大寺実則である。西園寺自身も少年時代から孝明天皇に仕え、三つ年下の皇太子、のちの明治天皇の遊び相手だった。皇室と特別な関係にある家柄だということが、政治家としての彼の行動に影響したのは間違いない。

生まれながらの貴公子というと、ひよわで野心に乏しい人物を想像しがちだが、西園寺公望を語る上で欠かせないもう一つの事実がある。それは、同時代の政治家と比較して、西園寺がとび抜けて長い海外経験の持ち主だということだ。

まず、維新後の一八七一（明治四）年から約十年間、フランスに留学（最初は官費、途中から自費留学）。一八八二年には伊藤博文の欧州派遣に随行して翌年帰国した。一八八五年、オーストリア公使としてウィーンに赴任し、翌年帰国。続いて一八八七年にドイツ公使（ベルギー公使兼任）に任じられてベルリンへ行き、四年後の一八九一年に帰国。さらに、一八九六年から一年近くヨーロッパを漫遊し、一八九七年に四十八歳目前で、ようやく国内に腰を落ち着けることになった。在外年数を合計すると、十七年以上にもおよぶ。

明治の歴代首相では、桂太郎のドイツ滞在六年が西園寺に次いで長いが、桂の場合は、陸軍という特殊な世界を経験したにすぎない。西園寺の十七年数ヵ月にわたる国際的な経験が、その思想や人生観に与えた影響は大きかった。

たとえば、彼の最初のフランス留学は、パリ・コミューン動乱の最中の一八七一年に始まっている。伊藤之雄氏の『元老 西園寺公望』によれば、西園寺はコミューン側に批判的だったそうだが、このフランスの動乱に大きな衝撃を受けた。そして、ヨーロッパの良い所のみを学び、悪い所は学ばず、列強間の競争が東アジアへおよんできた際に対抗できるようにすべきだ、と考えるようになったのだった。

また、西園寺はパリ留学時代にも漢籍を手ばなさず、漢詩を吟じ、ドイツ駐在時代には義太夫本を愛読したという。つまり、西園寺は長く海外で暮らしながらも、外国かぶれではなく、東西両方の文化のそれぞれの特徴や良さを自分の目で見きわめていたのだった。

ヨーロッパ人を驚かせた〝舌〟

京都生まれの西園寺は、幼いときから洗練された京料理を食べて育った。その彼が、のちに〝稀代の食通〟とまで呼ばれるようになったのは、二十代で最初に触れた外国がフランスで、そこで十年もの歳月を過ごしたためだった。

フランス滞在中に、西園寺が日本の生母に送った毛筆の手紙が、書簡集『欧羅巴紀遊抜書』としてまとめられているが、そこにも、西園寺の〝食〟に対する関心の高さをうかがわせる記述が見られて興味深い。

たとえば、彼はパリでの日常的な食事の内容まで記録していて、「通例より少しよき食事」としては、朝八時に茶菓、十時の朝食には、スープ、魚料理、肉料理二種、パンをたいらげる健啖ぶりを発揮している。しかも、「ブドウ酒」とあるので、朝から料理と一緒にワインを飲んでいたらしい。

さらに、夕方四時ごろ、スープ、魚料理、鳥料理、肉料理三種、野菜を食べ、デザートには菓子三種、果物三種。これに酒とパンがつく。さらに夜食として、パン、牛肉冷煮（ロースト・ビーフを冷たくしたもの）、菓子二種を食べている。二十代の若さだったとはいえ、西園寺が当時から相当な食いしん坊だったことがわかる。しかも、よほどフランス料理やフランスワインが口に合ったのだろう。

西園寺の伝記『陶庵公——西園寺公望公伝』を書いた竹越与三郎（三叉は号）によれば、パリ留学中の西園寺は、「素性の分らぬ美人」たちと付き合い、飲食にもお金を使ったため、かなりの費用を要した。そこで、不足分は、パリの日本公使館で書記生のようなアルバイトをして稼いだが、その給料は「右から左へと、カフエーや料理屋へ流れ去るやうになつた」という。ちなみに、「陶庵」とは、漢詩を好む西園寺公望が中国の東晋の詩人、陶淵明にちなんで用いた雅号である。

一八八七年、西園寺は三十七歳にして、ヨーロッパの要人からグルメのお墨付きを得る。西園寺の談話を国木田独歩がまとめた『陶庵随筆』によると、ドイツ公使としてベルリンに赴任する途上で、西園寺はローマ法王レオ十三世に謁見し、さらに、国務僧正のランポラを別の宮殿に訪問した。そのときの様子を次のように語っている。

ランポラ僧正が余を饗応するや、其飲食の美、余が経験したる宮中の食物中に於て最も秀たるものなるを感じたり、僧正は余が亜細亜人なるを以て、欧風調理の口に適するや否を気遣ひ、数々之を問ふ、余は其食物の趣味の高尚なる事を称賛せしに、彼は驚きたる様子にて、思はざりき絶東の貴客にして、如此料理通を得んとは、実に主人の大幸なりと云ふ、

ランポラ僧正を驚かせた西園寺の〝舌〟は、長年にわたるヨーロッパ各地での社交生活で磨かれたものだといえるだろう。

十九世紀末のヨーロッパは宮廷外交が華やかで、日本のような三等国の公使は、列強諸国からまともに相手にしてもらえないのが普通だった。しかし、西園寺は若くし

て花の都パリに十年滞在し、フランス語で会話ができ、高貴な生まれで備わった気品があり、立居振る舞いも洗練されていた。

ドイツ公使時代の部下の早川鉄治によれば、西園寺はドイツ料理が不満で、暇さえあればパリへ遊びに行っていたそうだ。また、料理のみならず酒に関しても口が肥えていて、上等の酒しか飲まなかったらしい。ドイツ公使の西園寺は、あちこちで饗応を受けたが、酒の良否がわかることにかけては、各国公使の間でも断然他を圧していたという。西園寺の後任の青木周蔵公使は、ドイツ人の妻をもつドイツ仕込みの外交官だったが、公使としての評判は西園寺の方がずっとよかった、と早川は証言している。

もちろん、西園寺はドイツ公使時代にはドイツ語を学び、職務上、しばしばドイツ首相のビスマルクとも会見している。西園寺が相手から見下されることなく、外交の舞台に立てたこと自体、各国に不平等条約の改正を求めていた当時の日本にとっては、意味があったといえるのではないか。

料理と酒への飽くなきこだわり

日本国内に腰をすえてからも、西園寺のグルメぶりを伝える逸話にはこと欠かない。日露戦争期に首相を務めた桂太郎の愛妾、お鯉こと安藤照の自叙伝『続お鯉物語』にも西園寺が登場する。一九〇五年十二月に桂の第一次内閣が総辞職した後、次の内閣を組織したのが、伊藤博文から引き継いで政友会総裁の座についていた西園寺だった。日露戦争終結後、役目を終えた桂が退場すると、それに代わる内閣総理大臣として、清新なイメージのある西園寺が待望されたのである。

『続お鯉物語』によれば、西園寺内閣の成立後に、西園寺が桂とお鯉を訪ねて一夜の宴を持ったという。西園寺は生涯、正妻というものをもたず、この時期には、新橋名妓の玉八こと小林菊子を、事実上の妻として一緒に暮らしていた。だが、菊子以外にも愛人は複数いたようで、お鯉は「桂公の後を引受けて新内閣を組織した西園寺公が、同時に二代目お鯉まで引受けられたのは奇妙である」と書いている。

二代目お鯉は、桂に身請けされた初代お鯉の名前を継いで、売り出し中の芸妓だった。その二代目お鯉を「引受け」た西園寺が、二人そろって初代お鯉に挨拶しにきたのである。そのとき、西園寺は土産として、当時の日本ではまだ珍しかった高級ウイスキーを持参した。それとは別に、自分が飲むためのブランデーも、蒸留水を入れた一升瓶と一緒に持ってきたという。お鯉は「酒を飲まぬ桂公の処にあるブランデーでは、贅沢な公のお口に合はぬのらしい」と述べている。

この話には続きがあって、西園寺と親しかった小泉三申が、水を持参するのは変だと思って西園寺に確認したところ、水は水でもただの蒸留水ではなく、フランスの「ルルドの鉱泉」だということがわかった。健康にいいというので、当時ブランデーと一緒に愛飲していたというのである。水の湧き出る洞窟があるルルドは、カトリック教会の聖地で、その水は現在も〝奇跡の水〟と呼ばれている。

それにしても明治時代に、フランスからわざわざ名高いルルドの聖水を取り寄せて飲んでいたとは、恐れ入るほかはない。

また、大正天皇と昭和天皇に料理番として仕え、両天皇の数々の宮中饗宴料理を主宰したことで知られる秋山徳蔵も、『味』という随筆集で西園寺について語っている。秋山によると、西園寺はきわめて「デリケートな味覚」をもち、「食べものについては、世にもやかましい人」だったという。

お鯉こと安藤照（『続お鯉物語』より）

あるとき、秋山は興津《おきつ》（現・静岡市）に住む晩年の西園寺の元にご機嫌伺いに立ち寄った。土産として持参した生きたうなぎを見ると、西園寺は「このうなぎは、どこのだ？」と聞く。秋山が「大和田のです」と答えると、西園寺は「今晩蒲焼にして食べよう」と喜んで受け取った。ところが翌朝、秋山は西園寺からの電話で、すぐに来るようにと言われる。早速行ってみると、「あのうなぎはほんとうに大和田のか」と西園寺が問うので、秋山は弱ってしまったそうだ。

江戸時代から続く鰻屋のなかでも、別格とされていたのが「大和田」である。秋山は食通の西園寺のために、大和田のうなぎを買い求めてくるつもりだったのが、時間が足りなくなってしまったため、河岸で買ってきたのだった。それを聞くと、西園寺は「そうだろうと思ったよ」と言ったという。

さすがの秋山も、「河岸で、天然鰻のいいのを吟味して持っていったのに、何という恐ろしい舌であろう。その後、あのような人に会ったことはない」と脱帽している。

〝最後の元老〟としての晩年

西園寺は、九十一歳の長寿を保つことによって、元勲あるいは元老と称される政治家の最後の一人となった。

元老は、内閣の交代に際して次期内閣の首班を天皇に推薦し、国家の重要な政策を決める御前会議に出席するのはもちろん、天皇の諮問に応えて国政上の意見を述べることも役割とされる。西園寺が天皇の勅語を受けて元老になったのは、第二次の内閣総理大臣を辞職した直後、一九一二（大正元）年十二月だった。ただし、元老は大日本帝国憲法などの法制上の根拠をもたない慣例上の制度なので、大正期に民本主義が広がったのをきっかけに、廃止を求める声も出ている。

日露戦争後、軍部の勢力が政界に伸長していくなかで、絶大な力をふるったのが山県有朋である。伊藤博文が凶弾に倒れ、井上馨、大山巌、松方正義も年老いてかつての勢力を維持できなくなってからは、軍部を背景とする山県の権威をはばむものはいなかった。山県とは政治的な考え方が異なる西園寺は、一九一四年に政友会総裁を辞し、京都に隠棲してしまう。泰平の世であれば、それからの西園寺は風流人として趣味に生き、静かに余生を送っていたかもしれない。

だが、運命はそれを許さなかった。一九一九年一月、第一次世界大戦の講和会議が、パリ郊外のベルサイユで開催されることが決まると、全権委員の候補に上がっていた政治家たちの勢力が増すのを恐れた山県は、講和会議に西園寺を担ぎ出そうとする。西園寺は固辞したが、各国の首相や大統領が出席する会議なので、釣り合いから見て他に候補者がいないという理由で再三説得され、やむなく承知したのだった。

七十歳近い老齢の上、病気がちだった西園寺が全権委員に選ばれたことに、誰もが驚いた。とはいえ、前出の秋山徳蔵によると、西園寺はこの会議に臨むに当たって、大阪の「灘万《なだまん》」の主人をはじめ、数人の料理人を引き連れていき、さながら大名旅行のようだったという。西園寺のひいきの料亭である灘万の主人は、味噌や醬油、日本酒、日本料理の材料まで持ち込んで、日本郵船の丹波丸に乗り込んでいる。

想像するに、当時、戦火で荒廃したヨーロッパ各国は食糧難に陥り、国民は配給を受けているような状態だったため、西園寺は〝自衛〟の意味で、料理人や食材を用意して行ったのではないか。事実、フランスの一流レストランも見る影もなく、まともな料理が食べられる場所は限られていた。

このとき西園寺に同行したのは、毛利家から迎えた養嗣子の八郎とその妻で西園寺の娘の新子だが、もう一人、西園寺の愛妾かと騒がれた二十代の奥村花が加わっていた。そのため、新聞は「西園寺侯の雪月花旅行」などと書き立てている。

留学時代から約四十年ぶりにフランスに着いた西園寺は、かつての学友で、今回の会議の議長を務めるクレマンソーなどと、旧交を暖めている。ただし、あまり時間的な余裕はなかったらしく、帰国後、西園寺八郎夫人の新子は『報知新聞』に、「折角の日本料理もクレマンソー氏其他《そのた》へご馳走する事も出来ず隔日に日本の方をお招びした丈《だけ》でした」と語っている。西園寺がこの会議に料理人を伴った目的の一つに、日本料理の饗応による〝美食外交〟があったことがうかがえる。

敗戦国の悲惨な状況を見聞した西園寺は、日本がこうした立場になってはいけない、と肝に銘じたことだろう。西園寺は戦争が嫌いだった。だが、皮肉にも日本を破滅の道へと導いた責任の一端を、のちに西園寺は問われることになる。

一九二二年に山県有朋が、その二年後に松方正義が亡くなると、西園寺は文字通り〝最後の元老〟として時局に当たることを余儀なくされた。しかも、日本はそのとき、第一次大戦後の世界の大きな変動期に直面していた。西園寺は、パリ講和会議後に置かれた国際連盟が、平和を維持する国際的な機構となることを期待し、軍縮の促進にも賛成していたが、その後の軍部の暴走を阻止することはできなかった。

一九四〇年十一月二十四日、九十一歳で西園寺は永眠する。太平洋戦争が始まるのは、ちょうどその一年後のことだった。

第十二章　アナーキストの「菜食論」

――幸徳秋水

早熟にして病弱だった神童

一九一〇（明治四十三）年に起きた大逆事件（幸徳事件）の首魁《しゅかい》であり、戦前は〝極悪人〟とされていたのが幸徳秋水（本名・伝次郎）である。秋水が大逆罪の嫌疑で逮捕され、非公開かつ異例のスピード裁判の後、翌年一月に刑場に果てたことはよく知られている。けれども、彼が獄中で綴った「陳弁書」の存在を知る人はわずかにすぎないだろう。

陳弁書の日付は十二月十八日。死刑判決を受ける一ヵ月前に、弁護人に宛てて書かれたものだ。この陳弁書の目的は、「無政府主義の革命といへば直ぐ短銃や爆弾で主権者を狙撃する者の如くに解する者が多い」ため、その誤解を解くことにあった。彼はまず、無政府主義者の泰斗とされるクロポトキンが、ロシアの公爵であり、地質学者としても数々の学問的業績で有名なことを指摘し、さらに次のように強調した。

又《ま》たクラポ《ママ》トキンと名を斉《ひと》しくした仏蘭西《フランス》の故エリゼー・ルクリユス(Reclus)の如きも、地理学の大学者で、仏国は彼が如き学者を有するを名誉とし、市会は彼を紀念せんが為めに、巴里の一通路に彼れの名を命けた位ひです、彼は殺生を厭ふの甚しき為め、全然肉食を廃して菜食家となりました、欧米無政府主義者の多くは菜食者です、禽獣をすら殺すに忍ひ《ママ》ざる者、何で世人の解する如く殺人を喜ぶことがありましやうか。

幸徳秋水

秋水がここで菜食者として名前を挙げたエリゼ・ルクリュとは、クロポトキンの親しい友人で、著名な地理学者であり、一八七一年のパリ・コミューン以来、アナーキストとして知られていた人物である。秋水は、人格が高尚で温和な性格であるこの二人を例に挙げて、日本人が抱いている血なまぐさい無政府主義者のイメージを否定しようとしたのだった。当時、欧米の無政府主義者の多くが菜食主義者だったという事実を、今日知っている人もまた、多くはないだろう。幸徳秋水が大逆罪で処刑されるまでの歩みをたどりつつ、当時の菜食論との関係についても述べてみたい。

幸徳秋水は一八七一（明治四）年、現在の高知県四万十市の商家の三男として生まれた。父親は秋水が一歳になる前に亡くなり、母・多治は苦労して子供たちを育てたが、家は次第に没落する。しかも、秋水は生まれつき虚弱で、お腹をこわしてばかりいる子供だったらしい。成人後の秋水の写真を見るとかなり小柄だということがわかるが、体重については、彼の三十五歳のときの手紙に「今は十一貫七百に御座候」と書かれたものがあり、これは約四十四キロにすぎない。

ひよわな子供だった反面、秋水は神童と呼ばれるほど際立って頭が良く、八歳ごろすでに小説のようなものを書き、挿絵まで描いていた。十二歳ごろになると、新聞を読んでは「自由」や「民権」ということをさかんに言い、自分で小さな新聞をつくっていたという。土佐生まれの秋水は、幼年期から自由民権思想の影響を受けて育ったのだった。

自由民権運動には十年遅く生まれてきた秋水だったが、中江兆民を師と仰ぎ、十七歳で大阪の兆民の家に学僕として住み込む。兆民と共に上京後、病気のために郷里に戻るが、再び上京して私学の国民英学会で学び、また兆民の元に寄寓している。当時の兆民は貧しく、食客の秋水もろくなものは食べられず、「明けても暮れても豆腐のからに野菜の浸物斗り《つけものばか》」だったという。そして、日清戦争の前年に『自由新聞』に入社した秋水は、二十代で『広島新聞』『中央新聞』『萬朝報《よろずちょうほう》』などの新聞を渡り歩きながら、ジャーナリストとして、また名文家として、次第に名前を知られるようになる。

そのころから社会主義に関心をもった秋水は、一九〇一年四月に『廿世紀之怪物帝国主義』を発表、五月には安部磯雄や片山潜らと日本初の社会主義政党を組織した。しかし、直ちに結社禁止を命じられたため、『萬朝報』社主の黒岩涙香《るいこう》らとともに、社会主義を名乗らない「理想団」を結成した。理想団には多くの社会主義者が流れ込むようになる。

この一九〇一年冬、足尾鉱毒事件で有名な田中正造が秋水を訪ねた。田中は、政府にいくら鉱毒被害を訴えても効果がないので、天皇に直訴すると打ち明け、その直訴文を秋水に書いてほしいと頼む。十二月十日、田中は直訴を決行したが、天皇に直訴文を渡すことはできなかった。田中は〝狂人〟として釈放され、秋水も警察に拘束されたがすぐに解放された。その三日後に、中江兆民がガンで亡くなっている。

巣鴨監獄の囚人の食事

一九〇三年は、幸徳秋水の生涯にとって転換点となった年だといえる。彼はここから、引き返せない険しい道を歩み始めたのだった。七月に『社会主義神髄』を著わした秋水は、日露開戦を主張する主戦論が社会の大勢を占めるなかで、あくまで非戦論の立場を貫く。十月には堺利彦と平民社を創立し、翌月、週刊の機関紙『平民新聞』を創刊した。

翌年二月に日露戦争が始まると、同紙第二十号は発売禁止の処分を受け、発行兼編集人の堺利彦も軽禁錮二ヵ月に処せられる。これが、社会主義者の入獄の皮切りになった。

同年、マルクス＝エンゲルスの『共産党宣言』を掲載した『平民新聞』は即日発禁になり、発行兼編集人の西川光二郎が禁錮七ヵ月、印刷人の秋水も禁錮五ヵ月の判決を受けることになる。『平民新聞』は翌年一月二十九日の第六十四号で終刊し、秋水は二月末に巣鴨監獄に入って五ヵ月の拘禁生活を送った。

堺の入獄体験記『楽天囚人』によれば、巣鴨監獄に送られるのは「三犯以上の監獄人種および重罪犯」「軽禁錮囚」「何か特別の扱ひをうける分」だったという。ちなみに、一九四五年秋にGHQに接収され、約十三年間でのべ四千人の戦犯が収容された「巣鴨プリズン」の前身は、この巣鴨監獄である。東京拘置所と改称後、葛飾区小菅に移転して、跡地がサンシャインシティになった。

病気がちの秋水にとって、巣鴨監獄での日々は楽ではなかった。彼がそこでの食事を具体的に書いたものは見当たらなかったが、一年早く巣鴨監獄の囚人になった堺が、『楽天囚人』で獄中の食事についてユーモラスに述べている。

堺利彦

菜は朝が味噌汁といへば別に不足はないはずだが、その味噌汁たるや、あだかもそこらの溝のドブ泥をすくうて来たやうなもので、そのまた木槽たるや、あだかも柄のぬけた古柄杓《ひしやく》のやうなもので、その縁には汁の実の昆布や菜の葉が引かかつてゐるところなど、初めはずゐぶん汚なく感じた。次の夕飯の菜は沢庵に胡麻塩、これはなかなかサッパリしてよい。（中略）昼が一番御馳走で毎日変つてゐる。まづ日曜が豆腐汁、それから油揚と菜、大根の切干、そら豆、うづら豆、馬肉、豚肉など、大がい献立がきまつてゐる。豚肉などといへば結構に聞ゆれど、実のところは菜か切干かの上に小さな肉の切が三つばかり乗つてゐるまでのことだ。それでも豚だ豚だとみなが大喜びをする。

堺によれば、日露戦争の影響で一日三度の食事代が一銭七厘から一銭二厘に削減され、食事が粗悪になっていたらしく、その後の四度の獄中生活では、これよりもう少しマシなものが出たという。ちなみに当時、かけそばやもりそば一杯でも二銭はした。

社会主義と菜食主義の関係

実は、この日露戦争前後の時期に秋水や堺が熱心に研究していたのが、菜食論や菜食主義についてだった。『平民新聞』第二十一号には、一九〇四年三月二十七日に開催された「社会主義研究会」で、秋水が肉食と菜食をテーマに語ったことが報告されている。そのなかで秋水は、肉食をするために鳥獣を殺すのはいかにも残酷であり、できれば肉食をやめたいが、まだ自ら菜食を実行し、社会に勧めるまでには至っていない、と述べている。その上で、秋水は近着の外国雑誌にも触れ、フランスの最新の菜食に関する研究結果なども紹介したらしい。

また、堺は翌年三月十九日発行の『直言』の「平民社より」というコラムに、次のように書いている。『直言』は、平民社が『平民新聞』の後継紙として発行した機関紙だ。

▲十二日（日）今日も幸徳家に滞在。（中略）菜食論の本を読む、細君は椽側で幸《ゆき》衛《え》さんと一処にナンキン豆の皮をむいて居る。是は菜食論の因《ちな》みに、細君が何か僕の為に珍らしい菜食的御馳走をしてやらうとの事である。即ち今日の昼にはナンキン豆のお汁粉が出来るのだ。

堺が幸徳家に泊まりに行ったとき、秋水の妻の千代子が「菜食的御馳走」をしてくれたという。「幸衛」は秋水の甥だ。さらに、堺は四月二日と九日発行の『直言』に「菜食主義について（上・下）」を書いている。犬や猫が好きな堺は、動物虐待防止会の会員になったことで、動物を殺してその肉を食べることへの感情が鋭敏になった。だが、次第に社会主義の思想から、肉食そのものに対する疑問が生じてきたのだった。堺によれば、世の競争論者は生物界の生存競争を見て、人間界の階級制度や貧富の格差を是認しているが、社会主義者は弱い者を踏み倒さず、自由競争の代わりに相互扶助で、安楽で競争のない世界をつくろうと望んでいるのだという。

そのため、社会主義研究会では、毎回のように肉食問題が持ち上がり、「人間と動物との境界線は何処に引く乎《か》」「肉食を廃した所で、植物も矢張り生物では無い乎、（中略）然らば人間は結局何を食物とすべきである乎」などの質問が相次いだ。

巣鴨監獄に入獄後、秋水が堺に出した手紙（一九〇五年三月二十六日）には、「菜食問題は如何に解決相成《あいなり》候や承り度《たく》候、小生今実験中に有之《これあり》候」という一文がある。監獄では肉などわずかしか出ないため、ほとんど菜食同然の状態になるのだが、負け惜しみのように、菜食の「実験中」だと言っているのが面白い。

一九〇五年七月二十八日、秋水は五ヵ月ぶりに出獄したが、身体がすっかり衰弱していたため、しばらく静養する。その間に日露戦争は終わったが、九月五日に講和反対を叫ぶ民衆による日比谷焼打ち事件が起こり、政府は戒厳令と新聞雑誌取締令を発令して鎮圧する。このとき『直言』は無期発行停止となって終刊し、内部分裂を起こした平民社は、十月九日に解散を余儀なくされた。

アメリカで菜食を実践

この機会に渡米を決意した秋水は、同志のカンパで十一月に旅立つ。彼はいわば亡命者としてサンフランシスコに到着したのだが、平民社のアメリカ支部は健在で、言論は自由、弾圧もなく、現地の日本人からは大歓迎を受けた。感激した秋水は、講演活動などを精力的に行い、ロシアからの亡命者たちとも交流する。秋水が社会主義から無政府主義へと思想を転換させたのは、出獄した時点だという説もあるが、実際には、このアメリカ滞在中だった可能性が高いだろう。

投獄される以前の秋水は、マルクスとエンゲルスに影響を受け、堺利彦らと同様にドイツ社会民主党に近い考え方で、普通選挙による議会主義の道をとっていた。しかし、獄中でクロポトキンの著作を読んだ秋水は、無政府共産主義と呼ぶべきクロポトキンの思想に感銘を受けたのだった。

アメリカで秋水に部屋を提供したのが、フリッチ夫人というロシア生まれの無政府主義者である。秋水の日記によれば、彼女は普通選挙が無用であることや、治者暗殺について熱心に語ったという。また、秋水はフリッチ夫人の娘を通じて、イギリスに亡命していたクロポトキンと連絡を取り、のちに彼の著作『麵麭《パン》の略取』の翻訳権も得ている。

フリッチ夫人は、無政府主義者であると同時に菜食主義者で、さかんに菜食の長所を説いた。そのため、秋水のアメリカでの食生活は菜食者に近かったようだ。当時、堺が発行兼編集人を務めていた『家庭雑誌』には、秋水が在米中の一九〇六年三月二十八日に執筆した「菜食主義」が掲載されている。この原稿で彼はまずアメリカで出会った菜食者を紹介しているが、その筆頭に挙げたのがフリッチ夫人で、「鳶色《とびいろ》麵麭と果物の煮たのばかり食つて居て、暇さへあれば革命主義と菜食主義の功能を喧《やか》ましく説き聞かせる」と述べている。「鳶色麵麭」とはいわゆる黒パン、ライ麦パンのことだろう。

もう一人はシカゴのメリル夫人で、若いころは身体が非常に弱かったが、菜食を実行した結果、十五年間医師にかかったことがないといい、さらに、七十六歳のクレメント夫人も厳格な菜食主義者で、そのエネルギーと健康は菜食のおかげだと語っている。

この「菜食主義」のなかで秋水は、アメリカでは菜食がさかんに行われていて、各都市で雑誌も出ていれば、菜食の食料品だけを売る店もあり、菜食の料理屋もあると述べている。さらに、自分は医学上の説からも菜食に傾いていると言い、次のように説明している。

▲肉類は長く胃腸の中に在つて、そして早く腐敗し易い、従つて有毒な黴菌《ばいきん》を多く生じ易い、是れが人間の病気になる原因の大部を占めて居るといふ事実だ、殊に競争的経済組織の下に在《あつ》て、商人の腐敗の甚《はなは》だしい時には、万国何処《いずこ》へ行《いつ》ても、病牛や死牛の肉の売られて居ることは、殆と《ママ》普通のことである、余程胃腸の強い者でなくては、肉食は非常の危険といはねばならぬ

▲穀物や菓実《かじつ》は、飯でも麺麭《パン》でも、道明寺でも、ビスケットでも、林檎でも蜜柑でも、梅でも杏子でも、肉のやうに腐敗し易くない、若《も》し腐敗すれば直ぐ鑑別される、彼等は消化し易いので、長く胃腸の中に在て、黴菌の肥料となる恐れはない、古来肉に中毒したのは多いが、穀物や熟した菓実に中毒したのは尠《すく》ないのだ

▲で僕は菜食主義、否《い》な果実主義を実行さへして居れば、大抵な病気は免がれることが出来るであらうと信ずるに至つた

当時、アメリカで発行されていた邦人向け新聞『日米』（三月十五日付）にも秋水の「菜食の研究」が掲載されている。

凡《およ》そ人間に取《とつ》て生命ほど大切なものはない、従つて健康ほど大切なことはない、

だから世に食物の問題ほど、尤《もつと》も直接で尤も重大な問題はないのだ、故に予は医師に非ず、料理屋に非ざるも、常に食物に就《つい》て研究する考へがあり、会ふ人毎に「何を食ふて生きつゝありや」と質問をして見たくなる、而して特に聴かんと欲するは、「主として肉食、菜食孰《いず》れを取るや」てふことである。

秋水はこの原稿で、自分は幼年時代から大変臆病で、すべての生き物を殺すのがしのびなかったこと、そのくせ肉を食べるのは好きだったことを告白している。西洋人が富強なのは肉食のためで、日本人が劣弱なのは菜食のためだ、という説を信じて、一時は肉食奨励論者だったこともある、と述べている。

しかし、トルストイの『ファースト・ステップ』を読んで、著者が熱烈な文章で肉食の不仁を説き、人間の道徳的向上の〝第一歩〟は克己にあり、それは肉食をやめることだ、とする議論に深く動かされた。その後、菜食に関する書物を読み、ますます菜食論に興味を抱くようになったという。

ただし、秋水は結局、トルストイや一部の無政府主義者のような完全な菜食者にはなれなかった。帰国後、故郷の土佐に戻った秋水が書いた手紙には「小生毎日松魚と鰻とを食ひ、大に肥え申候」とある。アメリカでは食べられなかった美味しいカツオとウナギを、堪能している様子がうかがえる。

生まれつき病弱だった秋水は、健康になるためには滋養のあるものを食べなければいけない、と言い聞かされて育ったことだろう。しかも、彼は肉食を好んでいたにもかかわらず、窮迫した暮らしのなかでは、好きなだけ肉を食べるような贅沢はできなかったに違いない。中江兆民の食客をしていたときも、毎日おからと漬け物の貧しい食事に耐えていた。

しかし、『萬朝報』時代の秋水の日記を見ると、友人たちとしばしば洋食屋で食事をしている。ようやく新聞記者として給料が取れるようになり、食べたいものを食べていたのだろう。それればかりか酒を痛飲し、妻がいながら、遊廓へ行って女を買うことも日常生活の一部だった。その後も、女性関係について言えば、秋水は聖人君子だったわけではなく、妻の不在中に同志の妹と関係して、その兄を激怒させたこともあった。社会主義者・無政府主義者として女性の解放を主張してきたことと、秋水本人の行動には矛盾がある。

菜食主義についても、秋水は最新の理論を研究し、在米中はフリッチ夫人の影響で菜食を実践していたが、帰国後はやめている。きびしい見方をすれば、秋水の人間的な弱さとして、身近な女性への性欲を絶てなかったように、肉や魚への食欲も絶てなかった、という側面があったのではないか。

「革命が要する所の者は実に麺麭である！」

秋水は一九〇六年六月に帰国したが、七ヵ月の滞米生活で日本の事情に暗くなっていた。不在中に社会主義政党が日本で初めて公認されていたが、秋水を旗印にする直接行動論派と、片山潜の議会政策派が党大会で対立し、党は分裂する。

秋水によれば、「僕等は、政治、法律、議会、選挙に絶望した無政府共産主義となり、彼等は、依然国家の権力に依つて万事を行はんとする所謂《いわゆる》社会民主々義だ」ということになる。クロポトキンは『麺麭の略取』で「麺麭よ、革命が要する所の者は実に麺麭である！」というスローガンを掲げたが、秋水は発禁になった自著『平民主義』（一九〇七年）で、「労働階級の欲する所は、政権の略取でなくて、『麺麭の略取』である、法律でなくて衣食である」と高らかに宣言した。

この『麺麭の略取』でクロポトキンは、人間の衣食住を重視し、とくに食物について多く語っている。菜食にはこだわっていないが、「上等の蔬菜や果実を有する人民は、肉の消費が少なくて済む」と述べているように、肉よりも、まずパンや野菜を得ることを優先している、といっていいだろう。

一九〇七年十月、宿痾《しゅくあ》の腸結核がぶり返した秋水は、病気静養のために土佐へ戻った。当時、警察は直接行動論派を過激派とみなして日増しに弾圧を強めていたが、まさにそのとき、テロリズムに傾斜したアメリカ在留左翼が、天皇暗殺を謳ったビラをまく。これは、日本政府を震え上がらせた。

そして、一九〇八年六月に赤旗事件が起こる。赤旗を振りながらデモ行進をした社会主義者たちが、一網打尽に捕えられたのである。告訴された堺利彦、大杉栄、山川均、荒畑寒村ら十人は、禁錮一年から二年半という重い判決を受けた。だが、皮肉にも一九一〇年まで入獄していたために、堺らは大逆事件の巻き添えにならず、命拾いしたのだった。

土佐で療養しながら、クロポトキンの『麵麭の略取』の翻訳に取り組んでいた秋水は、同志に促されて上京する。それは罠に飛び込むようなものだった。きびしい弾圧で運動の方法もなく、生活は窮迫し、四六時中警察に監視され、外出時には尾行がつき、すべての訪問客が訊問された。秋水が最も頼りにする堺は、二年間も監獄に閉じこめられている。

このとき、持病のリューマチが悪化して秋水のために働けずにいた妻の千代子に、彼は一方的に離婚を求めている。事情はいろいろあったとはいえ、彼は千代子の前の妻も同じように離縁していて、女性に対しては少々身勝手なところがあった。しかし、今度はそれが文字通り、彼の命取りになった。秋水の身の回りの世話をするようになったのは、火の玉のような〝革命婦人〟管野すが（筆名・須賀子）だった。管野は荒畑寒村と一時同棲していたが、寒村は赤旗事件で入獄する。実は、管野の荒畑への愛はすでに冷めていたらしい。秋水と管野は内縁の夫婦関係になり、この時点で大逆事件へのレールは敷かれたといえる。

秋水が獄中の同志の愛人を奪ったというスキャンダルは、はげしい非難を巻き起こし、多くの社会主義者が離反していった。しかし、心配した木下尚江が訪ねると、秋水は「僕の死に水を取つて呉れるものは、お千代だよ」と答えたという。病気も進行し、四面楚歌の状態だった秋水は、自分の余命は長くてあと数年、と覚悟を決めていたらしい。

見かねた友人の小泉三申らが救いの手をさしのべ、秋水も運動から身を引いて湯河原で静養しながら著述に専念することにした。その二ヵ月余り後、彼は検挙されたのだった。

漢詩に詠まれた大晦日の蕎麦と正月の餅

秋水は、彼を抹殺しようという政府の意図を知っていたかのように落ち着いていた。検挙の少し前から管野すがとも別居していた秋水は、それを先妻の千代子にすぐ手紙で知らせていたのだが、獄中から千代子に出した手紙を見ると、人生の最後の場面になって、やはり彼女とよりを戻そうとしていたのかもしれない。

未決監の間、食べ物だけは差し入れが許されていたため、秋水は手紙で、千代子に昼食の弁当の差し入れを頼んでいる。彼女は一度は断ったものの、結局、秋水の希望通り弁当を毎日差し入れ、世話をしている。秋水が十二月六日に彼女に書いた手紙には、珍しく食べ物のことが書き連ねられていた。

△六ケ月目で此頃一二回刺身を食《くつ》た、秋刀魚《さんま》を食つては季節だなと思ひ、新鮭や数の子を食てはモウ出たナと感じる、此夏以来鮎も食た、松茸も食た、野菜は胡瓜、東蒲塞《かぼちゃ》、茄子の時代から此頃の蕪大根まで、果物も林檎、梨子、栗、柿、蜜柑と、新しい物が這入《はい》る毎に娑婆《しゃば》の節物の移り行くことを想いやる、小供の時に読だ伏姫の山ごもりに花紅葉て《ママ》村里の四季を想ふ美しい文があつたが、吾等には毎日の差入弁当が唯一の暦だ△毎日の少しづゝ変つた配合、変つた料理の弁当の来たのを、日刊新聞を見る気で楽しんで待てる、面白いじやないか

十一月には、秋水の母・多治が土佐から面会に訪れた。その翌月、多治は肺炎で息を引きとり、自殺ではないかと噂される。母の死を知らされた秋水は獄中で慟哭《どうこく》する。一九一一年元旦、秋水が堺利彦に出した手紙の最後には、次の漢詩が書かれていた。

辛亥（？）歳朝偶成

獄裡泣居先妣喪（獄裡に泣居して妣《ひ》の喪を先《き》く）
何知四海入新陽（何んぞ四海の新陽に入るを知らん）
昨宵蕎麦今朝餅（昨宵の蕎麦《そば》今朝の餅）
添得罪人愁緒長（添え得たり罪人の愁緒《しゅうしょ》長きを）

大晦日には蕎麦、今朝は餅をくれたのだ、丸で狂詩のやうだけれど実境だから仕方がない、▲長々と愚痴ばかり並べて済まなかつた、許してくれ、モウ浮世に心残りは微塵もない、不孝の罪だけで僕は万死に値ひするのだ。

秋水は、これが人生最後の年越し蕎麦と正月の餅になるのだろう、と思いながら、しみじみと味わって食べたのではないか。

この事件で起訴されたのは二十六人で、無罪だった可能性の高い者も含まれていた。しかし、政府は最初から、危険極まりないアナーキストを根絶するために、秋水を首謀者とする事件を〝捏造〟しようとしていたといえる。一月十八日、二人を除く二十四人に死刑判決が下った。大逆罪には上告も控訴もない。特赦で半分の十二人が無期懲役に減刑されたが、秋水らはわずか一週間後の二十四日（管野すがのみ二十五日）に死刑を執行されている。このとき秋水は三十九歳。明治という時代が終わったのはその翌年である。

あとがき

明治の「食」にまつわるいろいろなエピソードが気になり出したのは、村井弦斎の評伝を執筆したのがきっかけだった。村井弦斎が『食道楽』というベストセラー小説を書いたのは百年以上前だが、その文中には和洋中にわたる六百種以上もの料理の名前が登場し、明治の人々が「食」の分野でも、積極的に新しいものを取り入れていたことがわかる。

その後、近代日本の歴史的な事件と、「食」との関係に目が向くようになった。外交には饗応がつきもので、事件の主役たちはその場に応じてさまざまな料理を食べている。伝統的な日本料理からフランス料理へ、という饗応の献立の変遷も興味深い。どこから書き始めるべきか。やはり幕末の日本を揺るがした黒船来航であり、主役はペリー提督だろう。幕府のペリー饗応の料理の一部を再現し、メニューに採用しているる料亭が横浜にあると聞いて、早速、試食に出かけた。JR関内駅近くにある老舗「濱新」である。店主の山菅浩一朗氏の説明をうかがいながら、「ペリー饗応の膳」に舌鼓を打った。

山菅氏によれば、料理の素材は記録に残っているものの、味付けまではわからないため、調味料などは推測するほかなく、それが再現する際には大変だったそうだ。実際に味わってみて、刺身や野菜の炊き合わせなどの日本料理は日本人には美味しく感じられても、アメリカ人のペリーの口には合わなかっただろう、と納得させられた。

明治維新後、外国人との社交場としてつくられたのが鹿鳴館だった。かつて華やかな舞踏会や晩餐会が開かれていた場所を訪れてみると、小さなプレートがあって、たしかに「鹿鳴館跡」の文字と説明文が読めたが、当時の面影をしのぶものは何もない。

その鹿鳴館跡に隣接してそびえているのが、明治を代表する政商・大倉喜八郎が渋沢栄一とともに建設し、その後、大倉がトップとして君臨した帝国ホテルである。彼は蓄えた富もケタ違いなら、やることも常人の考えを超越していた。まさに〝怪物〟の名にふさわしい。大倉喜八郎に敬意を表しつつ、帝国ホテルのレストランでもランチを味わった。

大津事件の現場に立ったときは、「えっ、ここが?」と思わずにはいられなかった。狭い道路が交差している角に小さな石碑が立っているだけで、最後のロシア皇帝ニコライ二世が皇太子時代に襲撃された現場だとは、言われなければまったく気づかないだろう。

味覚の面で忘れられないのは、下関の割烹旅館「春帆楼」で食べた「ふく」である。千載一遇のチャンスとばかりに山口出張を敢行して、名物の「ふく」のコース料理を堪能した。伊藤博文が愛したとらふぐ料理は、さすがに絶品だった。さらに、光市の伊藤公資料館にも足を延ばしたが、この資料館が想像以上に〝ひなびた〟場所にあったことも忘れ難い。四度も総理大臣になった伊藤博文はここで生まれたのか、としばし感慨にふけった。

最終章の幸徳秋水について書いているときには、その幸徳秋水が翻訳して発禁になったクロポトキンの『麺麭の略取』を古書即売展で発見するという、偶然にしては出来過ぎのようなオマケまでついた。幸徳秋水の霊魂に呼ばれたような気がして、ゾクッとした。

食の世界は奥が深い。私にとっては興味がつきないテーマである。これからもまた違った形で、歴史と食について書いてみたいと思っている。

本書は、『文學界』二〇〇六年八月号から翌年七月号まで十二回にわたって連載した「歴史のかげに〝食〟あり」を加筆修正したものです。『文學界』編集部の武藤旬氏には、一年間大変お世話になりました。同時に、このような〝美味しい取材〟をさせていただき、本当にありがとうございました。

また、執筆に当たっては、前出の濱新店主の山菅浩一朗氏、春帆楼本店副店長の手柴鋼太郎氏、伊藤公資料館副館長の竹林宏氏、滋賀県立琵琶湖文化館学芸員の井上ひろ美さん、大津市歴史博物館学芸員の樋爪修氏からお話をうかがいました（肩書は取材時）。この場を借りて、改めて御礼申し上げます。

そして、企画段階からアイデアを出して完成に導いてくださったフリーランス・エディターの石田陽子さんと、本書を形にしてくださった文春新書編集部の細井秀雄氏に、感謝の言葉を捧げます。

振り返ってみると、本書は文字通りシェフのように素材を選び、下ごしらえをし、料理した、という気がしています。読者の皆様が、この十二品のコース料理を存分に味わってくださることを、心から願ってやみません。

二〇〇八年七月

黒岩　比佐子

●主要参考文献

［マシュー・C・ペリー］

土屋喬雄・玉城肇訳『ペルリ提督日本遠征記（一～四）』（岩波文庫、一九四八～五五）

横浜市役所編『横浜市史稿 政治編二』（名著出版、一九七三）

浜田義一郎『江戸たべもの歳時記』（中公文庫、一九七七）

児玉定子『日本の食事様式』（中公新書、一九八〇）

宮永孝『ペリー提督――日本遠征とその生涯』（有隣堂、一九八一）

東京大学史料編纂所編『大日本古文書 幕末外国関係文書之五』（東京大学出版会、一九八四）

三遊亭圓楽監修、山本進編『落語ハンドブック』（三省堂、一九九六）

マシュー・C・ペリー、木原悦子訳『ペリー提督日本遠征日記』（小学館、一九九六）

猪口孝監修、三方洋子訳『猪口孝が読み解く「ペリー提督日本遠征記」』（NTT出版、一九九九）

草間俊郎『ヨコハマ洋食文化事始め』（雄山閣出版、一九九九）

サミュエル・エリオット・モリソン、座本勝之訳『伝記 ペリー提督の日本開国』（双葉社、二〇〇〇）

大江志乃夫『ペリー艦隊大航海記』（朝日文庫、二〇〇〇）

神奈川県立歴史博物館編『ペリー来航150周年記念 特別展 黒船』（神奈川県立歴史博物館、二〇〇三）

加藤祐三『幕末外交と開国』（ちくま新書、二〇〇四）

小島敦夫『ペリー提督 海洋人の肖像』（講談社現代新書、二〇〇五）

原田信男「食からみた日本史 近世の食13 異人への饗応」（『ｖｅｓｔａ』二〇〇一年秋号）

［アーネスト・サトウ］
アーネスト・サトウ、坂田精一訳『一外交官の見た明治維新　上・下巻』（岩波文庫、一九六〇）
渋沢栄一『徳川慶喜公伝3』（平凡社、一九六七）
維新史学会編『幕末維新外交史料集成　第一巻』（第一書房、一九七八）
児玉定子『日本の食事様式』（中公新書、一九八〇）
ヒュー・コータッツィ、中須賀哲朗訳『ある英国外交官の明治維新――ミットフォードの回想』（中央公論社、一九八六）
アーネスト・サトウ、長岡祥三訳『アーネスト・サトウ公使日記1』（新人物往来社、一九八九）
E・スエンソン、長島要一訳『江戸幕末滞在記』（新人物往来社、一九八九）
アーネスト・サトウ、長岡祥三・福永郁雄訳『アーネスト・サトウ公使日記2』（新人物往来社、一九九一）
A・B・ミットフォード、長岡祥三訳『英国外交官の見た幕末維新――リーズデイル卿回想録』（講談社学術文庫、一九九八）
萩原延寿『遠い崖――アーネスト・サトウ日記抄一～十四』（朝日新聞社、一九九八～二〇〇一）
横浜開港資料館編『図説　アーネスト・サトウ――幕末維新のイギリス外交官』（有隣堂、二〇〇一）

［明治天皇］
宮内庁編『明治天皇紀　第一～第十二』（吉川弘文館、一九六八～七五）
日野西資博『明治天皇の御日常』（新学社教友館、一九七六）
秋偲会編『天皇家の饗宴』（徳栄、一九七八）

児玉定子『宮廷柳営豪商町人の食事誌』（築地書館、一九八五）
ヒュー・コータッツィ、中須賀哲朗訳『ある英国外交官の明治維新――ミットフォードの回想』（中央公論社、一九八六）
A・B・ミットフォード、長岡祥三訳『英国貴族の見た明治日本』（新人物往来社、一九八六）
高橋紘『天皇家の仕事』（共同通信社、一九九三）
ドナルド・キーン、角地幸男訳『明治天皇 上・下巻』（新潮社、二〇〇一）
飛鳥井雅道『明治大帝』（講談社学術文庫、二〇〇二）
堀口修監修・編『臨時帝室編修局史料「明治天皇紀」談話記録集成 一～九』（ゆまに書房、二〇〇三）
君塚直隆『女王陛下のブルーリボン――ガーター勲章とイギリス外交』（NTT出版、二〇〇四）
四方田犬彦『ラブレーの子供たち』（新潮社、二〇〇五）
笠原英彦『明治天皇』（中公新書、二〇〇六）
米窪明美『明治天皇の一日』（新潮新書、二〇〇六）

［井上馨］
安藤照『続お鯉物語』（福永書店、一九二八）
ピエール・ロチ、村上菊一郎・吉氷清訳『秋の日本』（角川文庫、一九五三）
井上馨侯伝記編纂会編『世外井上公伝 第三巻』（原書房、一九六八）
横山源之助『横山源之助全集 第三巻 人物論』（明治文献、一九七四）
児玉定子『日本の食事様式』（中公新書、一九八〇）
近藤富枝『鹿鳴館貴婦人考』（講談社、一九八〇）

磯田光一『鹿鳴館の系譜』(文藝春秋、一九八三)
富田仁『鹿鳴館――擬西洋化の世界』(白水社、一九八四)
長井実編『自叙益田孝翁伝』(中公文庫、一九八九)
帝国ホテル編『帝国ホテル百年史 1890―1990』(帝国ホテル、一九九〇)
飛鳥井雅道『鹿鳴館』(岩波ブックレット、一九九二)
武内孝夫『帝国ホテル物語』(現代書館、一九九七)
ドナルド・キーン、角地幸男訳『明治天皇 下巻』(新潮社、二〇〇一)
東京倶楽部編『東京倶楽部物語――ジェントルマンの120年』(東京倶楽部、二〇〇四)
堅田剛「明治二十年のファンシーボール――あるいは鹿鳴館外交の挫折について」(『独協法学』二〇〇五年六月号)

[大倉喜八郎]
小西栄三郎『大正成金伝』(富強世界社、一九一六)
伊藤痴遊『伊藤痴遊全集 続第九巻 富豪伝』(平凡社、一九三一)
山中四郎『日本缶詰史 第一巻』(日本缶詰協会、一九六二)
大成建設社史発刊準備委員会編『大成建設社史』(大成建設、一九六三)
東京百年史編集委員会『東京百年史 第三巻』(東京都、一九七二)
児玉定子『日本の食事様式』(中公新書、一九八〇)
城山三郎『野性のひとびと――大倉喜八郎から松永安左衛門まで』(文春文庫、一九八一)
内橋克人『破天荒企業人列伝』(新潮文庫、一九八三)
大倉雄二『逆光家族――父・大倉喜八郎と私』(文藝春秋、一九八五)

大倉雄二『鯰──元祖〝成り金〟大倉喜八郎の混沌たる一生』（文藝春秋、一九九〇）
帝国ホテル編『帝国ホテル百年史 1890─1990』（帝国ホテル、一九九〇）
戸板康二『ぜいたく列伝』（文藝春秋、一九九二）
小堺昭三『明敏にして毒気あり──明治の怪物経営者たち』（日本経済新聞社、一九九三）
砂川幸雄『大倉喜八郎の豪快なる生涯』（草思社、一九九六）
村上信夫『村上信夫メニュー 帝国ホテルスペシャル』（小学館文庫、一九九九）
東嶋和子『メロンパンの真実』（講談社、二〇〇四）
紀田順一郎『カネが邪魔でしょうがない──明治大正・成金列伝』（新潮社、二〇〇五）
「豪商大倉氏の台所」（『女学世界』一九〇四年九月秋季増刊号）
「大倉喜八郎と其平生」（『実業画報』一九〇六年二月号）
小島政二郎「秋風の鳴る鈴」（『小説新潮』一九六五年十一月号）

［ニコライ皇太子］
エルウィン・ベルツ、濱辺正彦訳『ベルツの「日記」』（岩波書店、一九三九）
児島惟謙『大津事件手記』（築地書店、一九四四）
児島惟謙、家永三郎編『大津事件日誌』（平凡社、一九七一）
ヘレン・パパシヴィリ、ジョージ・パパシヴィリ著、タイムライフブックス編集部編・訳『ロシア料理』（タイムライフブックス、一九七二）
社会問題資料研究会編『大津事件に就て 上・下巻』（東洋文化社、一九七四）
石光真清『城下の人』（中公文庫、一九七八）
田岡良一『大津事件の再評価』（有斐閣、一九八三）

早崎慶三『大津事件の真相』（サンブライト出版、一九八七）
保田孝一『最後のロシア皇帝 ニコライ二世の日記』（朝日新聞社、一九九〇）
尾佐竹猛、三谷太一郎校注『大津事件』（岩波文庫、一九九一）
野村義文『大津事件――露国ニコライ皇太子の来日』（葦書房、一九九二）
関西大学法学研究所編『危機としての大津事件』（関西大学法学研究所、一九九二）
斎藤竜、万良一校注『廻瀾録』（人の森出版、一九九二）
エドワード・ラジンスキー、工藤精一郎訳『皇帝ニコライ処刑 上・下巻』（日本放送出版協会、一九九三）
ドミニク・リーベン、小泉摩耶訳『ニコライII世』（日本経済新聞社、一九九三）
山中敬一『論考 大津事件』（成文堂、一九九四）
新井勉『大津事件の再構成』（御茶の水書房、一九九四）
楠精一郎『児島惟謙』（中公新書、一九九七）
礫川全次『大津事件と明治天皇 封印された十七日間』（批評社、一九九八）
ロバート・K・マッシー、今泉菊雄訳『ロマノフ王家の終焉』（鳥影社、一九九九）
エレーヌ・カレール＝ダンコース、谷口侑訳『甦るニコライ二世』（藤原書店、二〇〇一）
高森直史『海軍食グルメ物語』（光人社、二〇〇三）
大津市歴史博物館編『企画展 大津事件』（大津市歴史博物館、二〇〇三）
笠原英彦『明治天皇』（中公新書、二〇〇六）
山口延男「DNA解析による個人識別と史実――ロマノフ・ニコライ二世一家殺害事件を中心として」（『神戸常盤短期大学紀要』二〇〇〇年）
樋爪修「〈研究ノート〉津田三蔵書簡について」「〈資料紹介〉津田三蔵書簡」（『大津市歴史博物館研

究紀要11』二〇〇四年)

[伊藤博文]

柏村一介ほか『下の関案内記 並山口福岡両県名勝録』(柏村一介、一九〇〇)

伊藤銀月『伊藤博文公』(千代田書房、一九〇九)

古谷久綱『藤公余影』(民友社、一九一〇)

末松謙澄『孝子 伊藤公』(博文館、一九一一)

高田早苗述、薄田貞敬編『半峰昔ばなし』(早稲田大学出版部、一九二七)

伊藤痴遊『続 隠れたる事実 明治裏面史』(成光館出版部、一九二八)

平塚篤編『伊藤博文秘録』(春秋社、一九二九)

伊藤春外套編『河豚と下関』(下関観光協会、一九三五)

春畝公追頌会編『伊藤博文伝 上・中・下巻』(春畝公追頌会、一九四〇)

三宅孤軒編『玉饌ふぐを語る』(東京ふぐ料理連盟、一九五〇)

下関市市史編修委員会編『下関市史 市制施行以後』(下関市役所、一九五八)

日本ふぐ研究会編『ふぐ』(日本ふぐ研究会、一九六一)

山口県教育会編『吉田松陰全集 第二巻』(大和書房、一九七三)

藤村道生『日清戦争』(岩波新書、一九七三)

宮内庁編『明治天皇紀 第八』(吉川弘文館、一九七三)

中原雅夫『ふく百話』(西日本教育図書、一九七三)

北濱喜一『ふぐ博物誌』(東京書房社、一九七五)

北大路魯山人、平野雅章編『魯山人味道』(中公文庫、一九八〇)

朝日新聞西部本社社会部『ふぐ』(朝日新聞社、一九八二)
清永唯夫『下関 その歴史を訪ねて』(山口銀行、一九八八)
山口県の歴史散歩編集委員会編『新版 山口県の歴史散歩』(山川出版社、一九九三)
中尾定市、中尾文雄編『伊藤博文公と梅子夫人』(亀山八幡宮社務所、一九九六)
西川恵『エリゼ宮の食卓――その饗宴と美食外交』(新潮社、一九九六)
梅﨑大夢『雑録 春帆楼』(正風書舎、一九九九)
陸奥宗光、中塚明校注『新訂 蹇蹇録』(岩波文庫、二〇〇五)
笠原英彦『明治天皇』(中公新書、二〇〇六)
追分日出子「『必死の人』元勲伊藤の『立国』精神――伊藤博文を歩く」(毎日ムック『20世紀の記憶 第2ミレニアムの終わり・人類の黄昏1900―1913』毎日新聞社、一九九九年十一月)

[児玉源太郎]

伊藤景綱『日露戦史 全』(文武館、一九〇六)
森山守次・倉辻明義『児玉大将伝』(星野錫、一九〇八)
杉山茂丸『児玉大将伝』(博文館、一九一八)
安藤照『お鯉物語』(福永書店、一九二七)
桜井忠温『将軍乃木』(実業之日本社、一九二八)
相馬基編『父の映像』(東京日日新聞社、一九三六)
谷壽夫『機密日露戦史』(原書房、一九六六)
下村富士男『近代の戦争 第二巻 日露戦争』(人物往来社、一九六六)
和田政雄編『乃木希典日記』(金園社、一九七〇)

司馬遼太郎『坂の上の雲 四』(文藝春秋、一九七一)
宮内庁編『明治天皇紀 第十』(吉川弘文館、一九七四)
宮内庁編『明治天皇紀 第十一』(吉川弘文館、一九七五)
デニス・ウォーナー、ペギー・ウォーナー、妹尾作太男・三谷庸雄訳『日露戦争全史』(時事通信社、一九七八)
酒井修一編『日露戦争写真集』(新人物往来社、一九八七)
井上宗和『世界の酒4 シャンパン』(角川書店、一九九〇)
宿利重一『児玉源太郎』(復刻、マツノ書店、一九九三)
中村晃『大軍師児玉源太郎』(叢文社、一九九三)
生出寿『知将児玉源太郎』(光人社、一九九六)
三戸岡道夫『児玉源太郎——明治陸軍の巨星』(学研M文庫、二〇〇二)
長田昇『児玉源太郎』(「児玉源太郎」出版記念委員会、二〇〇三)
福田和也『乃木希典』(文藝春秋、二〇〇四)
小森陽一・成田龍一編『日露戦争スタディーズ』(紀伊國屋書店、二〇〇四)
神川武利『児玉源太郎——日露戦争における陸軍の頭脳』(PHP研究所、二〇〇四)
読売新聞取材班『検証 日露戦争』(中央公論新社、二〇〇五)
外池良三編『世界の酒日本の酒ものしり事典』(東京堂出版、二〇〇五)
中村謙司『史論 児玉源太郎——明治日本を背負った男』(光人社、二〇〇六)
山本博『シャンパンのすべて』(河出書房新社、二〇〇六)
『日露戦争写真画報 第十二巻』(博文館、一九〇五年一月一日)
『日露戦争写真画報 第十五巻』(博文館、一九〇五年二月八日)

『日露戦争写真画報 臨時増刊 旅順現状写真帖 第二十一巻』(博文館、一九〇五年四月二十日)
『戦時画報 第三十八号』(近事画報社、一九〇五年二月十日)
『戦時画報 臨時増刊 旅順開城実景写真帖 第三十九号』(近事画報社、一九〇五年二月十五日)
『戦時画報 第四十号』(近事画報社、一九〇五年二月二十日)
福田恆存「乃木将軍と旅順攻略戦」(『中央公論 臨時増刊 歴史と人物』一九七〇年十二月)
室井廣一「杉山茂丸論ノート(2) 政治的黒幕の研究」(『海外事情』一九八一年四月号)

［村井弦斎］
才神時雄『松山収容所――捕虜と日本人』(中公新書、一九六九)
長谷川伸『長谷川伸全集 第九巻』(朝日新聞社、一九七二)
大江志乃夫編『明治大正図誌 第14巻 瀬戸内』(筑摩書房、一九七九)
才神時雄『メドヴェージ村の日本人墓標』(中公新書、一九八三)
F・クプチンスキー、小田川研二訳『松山捕虜収容所日記――ロシア将校の見た明治日本』(中央公論社、一九八八)
井口和起編『近代日本の軌跡3 日清・日露戦争』(吉川弘文館、一九九四)
大谷正『近代日本の対外宣伝』(研文出版、一九九四)
伊藤隆『日本の近代16 日本の内と外』(中央公論新社、二〇〇一)
黒岩比佐子『「食道楽」の人 村井弦斎』(岩波書店、二〇〇四)
宮脇昇『ロシア兵捕虜が歩いたマツヤマ――日露戦争下の国際交流』(愛媛新聞社、二〇〇五)
村井弦斎『食道楽 上・下巻』(岩波文庫、二〇〇五)
吹浦忠正『捕虜たちの日露戦争』(日本放送出版協会、二〇〇五)

『文藝倶楽部』（博文館、一九〇四年七月十五日定期増刊号）
『報知新聞』（一九〇四年三月二十四日）
『北国新聞』（一九〇五年三月二十九日）
「アジア歴史資料センター」所蔵の捕虜関係資料など

[西園寺公望]
西園寺公望、国木田独歩編『陶庵随筆』（新声社、一九〇三）
内田魯庵『おもひ出す人々』（春秋社、一九二五）
安藤照『続お鯉物語』（福永書店、一九二七）
竹越与三郎『陶庵公――西園寺公望公伝』（叢文閣、一九三〇）
西園寺公望、小泉三申編『欧羅巴紀遊抜書』（小泉三申、一九三二）
木村毅・斎藤昌三編『魯庵随筆　紫煙の人々』（書物展望社、一九三五）
内山慶之進編『西園寺公追憶』（中央大学、一九四二）
木村毅『西園寺公望』（沙羅書房、一九四八）
西園寺公望、木村毅編『西園寺公望自伝』（大日本雄弁会講談社、一九四九）
秋山徳蔵『味』（東西文明社、一九五五）
神崎清編『明治文学全集　第九十六巻　明治記録文学集』（筑摩書房、一九六七）
成瀬正勝編『明治文学全集　第七十五巻　明治反自然派文学集（二）』（筑摩書房、一九六八）
伊藤整『日本文壇史　11 自然主義の勃興期』（講談社、一九七一）
浜田義一郎『江戸たべもの歳時記』（中公文庫、一九七七）
臼井吉見編『明治文学全集　第九十九巻　明治文学回顧録集（二）』（筑摩書房、一九八〇）

豊田穣『最後の元老 西園寺公望 上・下巻』(新潮社、一九八二)
和田利夫『明治文芸院始末記』(筑摩書房、一九八九)
立命館大学西園寺公望伝編纂委員会編『西園寺公望伝 第一巻』(岩波書店、一九九〇)
立命館大学西園寺公望展実行委員会編『最後の元老・西園寺公望展』(立命館大学、一九九〇)
和田利夫『昭和文芸院瑣末記』(筑摩書房、一九九四)
立命館大学西園寺公望伝編纂委員会編『西園寺公望伝 別巻二』(岩波書店、一九九七)
髙橋正『西園寺公望と明治の文人たち』(不二出版、二〇〇二)
岩井忠熊『西園寺公望』(岩波新書、二〇〇三)
伊藤之雄『元老 西園寺公望——古希からの挑戦』(文春新書、二〇〇七)
林泉「雨声会のこと」(『書物展望』一九四一年九月一日)
小泉三申「西園寺公望公を語る」(『憲政資料シリーズ 尚友ブックレット第13号』二〇〇〇年四月号)

[幸徳秋水]
クロポトキン、幸徳秋水訳『麵麭の略取』(平民社、一九〇九)
松井柏軒『四十五年記者生活』(博文館、一九二九)
師岡千代子『風々雨々——幸徳秋水と周囲の人々』(隆文堂、一九四七)
社会経済労働研究所編『幸徳秋水評伝』(伊藤書店、一九四七)
堺利彦『楽天囚人』(売文社、一九四八)
西尾陽太郎『幸徳秋水』(吉川弘文館、一九五九)
クロポトキン、幸徳秋水訳『麵麭の略取』(岩波文庫、一九六〇)
木村毅『明治・大正暗黒事件秘話 まわり燈籠』(井上書房、一九六一)

荒畑寒村『寒村自伝　上巻』（筑摩書房、一九六五）
猪木正道・勝田吉太郎編『世界の名著42 プルードン・バクーニン・クロポトキン』（中央公論社、一九六七）
徳富蘇峰『公爵山県有朋伝　下巻』（原書房、一九六九）
飛鳥井雅道『幸徳秋水』（中公新書、一九六九）
伊藤整編『日本の名著44　幸徳秋水』（中央公論社、一九七〇）
絲屋寿雄『増補改訂　大逆事件』（三一書房、一九七〇）
神崎清『実録　幸徳秋水』（読売新聞社、一九七一）
伊藤整『日本文壇史　16　大逆事件前後』（講談社、一九七二）
飛鳥井雅道編『近代日本思想大系13　幸徳秋水集』（筑摩書房、一九七五）
神崎清『幸徳秋水と明治天皇　大逆事件1〜4』（あゆみ出版、一九七六〜七七）
F・G・ノートヘルファー、竹山護夫訳『幸徳秋水』（福村出版、一九八〇）
森長英三郎・仲原清編『大石誠之助全集2』（弘隆社、一九八二）
幸徳秋水全集編集委員会編『幸徳秋水全集　第六巻、第八巻、第九巻、別巻一、別巻二』（明治文献資料刊行会、一九八二）
末次勲『食の科学叢書10　菜食主義』（丸ノ内出版、一九八三）
西川文子、天野茂編『平民社の女――西川文子自伝』（青山館、一九八四）
御手洗辰雄『日本宰相列伝2　山県有朋』（時事通信社、一九八五）
林尚男『平民社の人びと――秋水・枯川・尚江・栄』（朝日新聞社、一九九〇）
塩田庄兵衛編『幸徳秋水の日記と書簡』（未来社、一九九〇）
高野澄『人と思想91　大杉栄』（清水書院、一九九一）

河田宏『明治四十三年の転轍――大逆と殉死のあいだ』（社会思想社、一九九三）
草森紳一『食客風雲録　日本篇』（青土社、一九九七）
小林弘忠『巣鴨プリズン』（中公新書、一九九九）
『直言』（平民社、一九〇五年三月十九日、四月二日、九日号）
『家庭雑誌』（由分社、一九〇六年六月号）

［その他］
墨堤隠士『明治富豪致富時代』（大学館、一九〇二）
山路愛山『現代金権史』（服部書店・文泉堂書房、一九〇八）
奥山益朗編『味覚辞典――日本料理』（東京堂出版、一九七二）
奥山益朗編『味覚辞典――西洋料理』（東京堂出版、一九七四）
前坊洋『明治西洋料理起源』（岩波書店、二〇〇〇）

本書の原本『歴史のかげにグルメあり』は、二〇〇八年に
文藝春秋より刊行されました。

黒岩比佐子（くろいわ　ひさこ）

1958年東京都生まれ。慶應義塾大学卒。ノンフィクション・ライター。主な著書に『「食道楽」の人 村井弦斎』（サントリー学芸賞受賞）、『編集者 国木田独歩の時代』（角川財団学芸賞）、『パンとペン 社会主義者・堺利彦と「売文社」の闘い』（読売文学賞）、『音のない記憶』『明治のお嬢さま』『忘れえぬ声を聴く』など。2010年没。

講談社学術文庫

定価はカバーに表示してあります。

歴史《れきし》のかげに美食《びしょく》あり

日本饗宴外交史《にほんきようえんがいこうし》

黒岩比佐子《くろいわひさこ》

2018年2月9日　第1刷発行

発行者　鈴木　哲

発行所　株式会社講談社

東京都文京区音羽2-12-21 〒112-8001

電話　編集（03）5395-3512

販売（03）5395-4415

業務（03）5395-3615

装　幀　蟹江征治

印　刷　豊国印刷株式会社

製　本　株式会社国宝社

本文データ制作　講談社デジタル製作

ISBN978-4-06-292476-4

「講談社学術文庫」の刊行に当たって

これは、学術をポケットに入れることをモットーとして生まれた文庫である。学術は少年の心を養い、成年の心を満たす。その学術がポケットにはいる形で、万人のものになることは、生涯教育をうたう現代の理想である。

こうした考え方は、学術を巨大な城のように見る世間の常識に反するかもしれない。また、一部の人たちからは、学術の権威をおとすものと非難されるかもしれない。しかし、それはいずれも学術の新しい在り方を解しないものといわざるをえない。

学術は、まず魔術への挑戦から始まった。やがて、いわゆる常識をつぎつぎに改めていった。学術の権威は、幾百年、幾千年にわたる、苦しい戦いの成果である。こうしてきずきあげられた城が、一見して近づきがたいものにうつるのは、そのためである。しかし、学術の権威を、その形の上だけで判断してはならない。その生成のあとをかえりみれば、その根は常に人々の生活の中にあった。学術が大きな力たりうるのはそのためであって、生活をはなれた学術は、どこにもない。

開かれた社会といわれる現代にとって、これはまったく自明である。生活と学術との間に、もし距離があるとすれば、何をおいてもこれを埋めねばならない。もしこの距離が形の上の迷信からきているとすれば、その迷信をうち破らねばならぬ。

学術文庫は、内外の迷信を打破し、学術のために新しい天地をひらく意図をもって生まれた。文庫という小さい形と、学術という壮大な城とが、完全に両立するためには、なおいくらかの時を必要とするであろう。しかし、学術をポケットにした社会が、人間の生活にとってより豊かな社会であることは、たしかである。そうした社会の実現のために、文庫の世界に新しいジャンルを加えることができれば幸いである。

一九七六年六月

野間省一

文化人類学・民俗学

日本の鬼 日本文化探求の視角
近藤喜博著
恐るべき怪異、虚空の雷神、滑稽な邪鬼……鬼はどう変幻し、日本人の生活感情に棲み続けてきたか。その本質を自然の破壊的エネルギーに捉え、風雷神から「かきつばた」まで、鬼を通して日本の風土を読み解く。
2005

図説 金枝篇（上）（下）
J・G・フレーザー著／吉岡晶子訳／M・ダグラス監修／S・マコーマック編集
イタリアのネミ村の「祭司殺し」と「聖なる樹」の謎を解明すべく四十年を費して著された全13巻のエッセンス。民族学の必読書であり、難解さでも知られるこの書を、二人の人類学者が編集した［図説・簡約版］。
2047・2048

明治洋食事始め とんかつの誕生
岡田 哲著
明治維新は「料理維新」！ 牛鍋、あんパン、ライスカレー、コロッケ、そして、とんかつはいかにして生まれたのか？ 日本が欧米の食文化を受容し、「洋食」が成立するまでの近代食卓六〇年の疾風怒濤を活写。
2123

水戸黄門「漫遊」考
金 文京著（解説・福田安典）
諸国を漫遊する貴人、印籠の誕生、中国・韓国にもある同じ物語類型――。東アジアの歴史の中に「漫遊記」成立をさぐり、歌舞伎や講談、映画・テレビなど、日本において長く国民的人気を博し続けた謎に迫る。
2128

東方的
中沢新一著（解説・沼野充義）
モダンな精神は、何を獲得し何を失ったのか？ 偉大な叡智は科学技術文明と近代資本主義が世界を覆い尽くす時が、真の危機だと告げる。四次元、熊楠、シャーマニズム……。多様なテーマに通底する智恵を探る。
2137

江戸の食空間 屋台から日本料理へ
大久保洋子著
盛り場に、辻々に、縁日に、百万都市江戸を埋め尽くしたファストフードの屋台から、てんぷら、すし、そば、鰻の蒲焼は生まれた。庶民によって生み出され支えられた、多彩で華麗な食の世界の全てがわかる一冊。
2142